Gabriele Ehrenfeldt
Geheime Rache

Über dieses Buch

Das frischverliebte Tübinger Paar Niels Wolgrath und Alma Pilic macht Kurzurlaub in Venedig. Doch statt das Dolce Vita und die Kunstvielfalt zu genießen, erkennt Alma einen aus dem Kanal gefischten Toten wieder. Sie hat den Mann am Abend zuvor mit einer Frau in der Hotelbar gesehen. Als sich herausstellt, dass der Ermordete ein Auftragskiller war, stürzt sich Alma voller Neugier auf den Fall, was Niels allerdings verhindern will.
Durch eine List kommt Alma jener Frau aus der Bar, einer Deutschen, auf die Spur. Die Fährtensuche wird im Tübinger Freundeskreis fortgesetzt, zu dem neben Manuel Soares, einem Lusitanistik-Professor, auch Kriminalhauptkommissar Peter Mehrfeldt gehört. Doch dieser fühlt sich zunehmend überfordert, weil nicht nur sein Kollege aus Venedig um Amtshilfe bittet, sondern seine Freunde ihn auch noch mit anderen, scheinbar nebensächlichen Delikten konfrontieren.
Der Fall führt die Hobby- und hauptamtlichen Ermittler letztlich mitten hinein in jahrzehntealte Konflikte. Ein befreundeter Historiker hilft, die unheilvollen Verstrickungen einer Familie mit deutsch-italienischer Vergangenheit zu entwirren, was auch noch an Almas familiäre Wurzeln rührt.

Gabriele Ehrenfeldt ist gebürtige Stuttgarterin. Seit ihrem Studium der Sozial- und Sprachwissenschaften lebt sie in Tübingen. Sie ist seit 25 Jahren als literarische Übersetzerin, Redakteurin, Gutachterin, Herausgeberin und Autorin tätig, einige Jahre davon auch als Verlegerin.

Gabriele Ehrenfeldt

Geheime Rache

Eine Kriminalgeschichte
aus Tübingen und Venedig

Oertel+Spörer

Dieser Kriminalroman spielt an realen Schauplätzen.
Alle Personen und Handlungen sind frei erfunden.
Sollten sich dennoch Ähnlichkeiten mit lebenden oder
verstorbenen Personen ergeben, so sind diese rein zufällig
und nicht beabsichtigt.

© Oertel+Spörer Verlags-GmbH+Co. KG 2015
Postfach 16 42 · 72706 Reutlingen
Alle Rechte vorbehalten.

Titelbild: Sven Gormsen
Umschlaggestaltung: Oertel+Spörer Verlag,
Bettina Mehmedbegović
Satz: Uhl+Massopust, Aalen
Druck und Bindung: CPI books GmbH
Printed in Germany
ISBN 978-3-88627-378-2

Besuchen Sie unsere Homepage und informieren
Sie sich über unser vielfältiges Verlagsprogramm:
www.oertel-spoerer.de

»*Bastardo!*«, schrien, grölten, zischten und spuckten die Buben aus der Nachbarschaft, wenn sie ihn sahen.

Er saß an dem stinkenden Kanälchen hinter den Gemeindewohnungen im Sestiere Castello, dem Viertel Venedigs, in dem es früher von Werftarbeitern wimmelte. Er wartete und wusste nicht worauf. Vielleicht einfach nur auf seine Mutter und auf das Mittagessen.

Bastard.

»*Mamma, was ist das – Bastard?*«, *fragte der Fünfjährige, als die Mutter von der Arbeit als Zimmermädchen in einem der großen Hotels an der Promenade in die winzige Wohnung zurückkam, die fast nur aus der Wohnküche bestand. Dort schlief die Mutter auch, der Kleine hatte eine fensterlose Kammer daneben.*

Die Mutter erschrak. Schnell wandte sie sich wieder dem Topf mit dem köchelnden Tomatensugo zu.

»*Mamma?*«

»*Was?... Es ist..., na ja, es ist, wenn man keinen Vater hat*«, *sagte sie leise.*

»*Claudio und Ettore und Mimmo – die haben auch keinen Vater.*«

»*Ja. Sie sind im Krieg geblieben.*«

»*Und mein Papa?*«

»*Ja... Das weißt du doch.*«

»*Mamma, was ist Krieg?*«

Die Mutter straffte sich, versetzte streng: »*Jetzt frag mir keine Löcher in den Bauch*«, *und deckte den Tisch.*

Langsam teilten sich die Wolken über der Lagune. Das Mündungsbecken von Sile, Piave und Brenta, deren alter Flusslauf den Canal Grande bildete, erstrahlte in spiegelndem Glanz. Die Vaporetti glitzerten und zogen auf ihrem Weg zum Lido oder zu den Fondamente Nuove silberne Gischt hinter sich her. Die Mohren auf dem Uhrturm standen unbeweglich zwischen den Stunden, der Markuslöwe thronte über dem Portal und ergoss seinen goldenen Schimmer über den schönsten Salon Europas, wie Napoleon die Piazza genannt hatte.

Nun, im September, war die Stadt voller Touristen, die sich die Regata storica auf dem Canal Grande nicht entgehen lassen wollten. Und es wimmelte von Tauben, die vom Markusplatz nicht wegzudenken sind. Ob sie nun von den Tauben abstammten, die die Veneter auf der Flucht vor den Hunnen in die Lagune führten, oder von jener Brieftaube, die 1204 die Kunde von der Eroberung Konstantinopels brachte – diese Vögel waren schon immer die Schützlinge der Venezianer. Sie dürfen alles, sie dürfen sich auf den Cafétischen tummeln und flatternd die Reste aufpicken, bis das ganze Geschirr zu Bruch geht, ohne dass sich jemand groß darüber aufregt.

Doch was das Gewusel der Touristen angeht, die jährlich zu Abermillionen die Stadt heimsuchen, wäre es den noch verbliebenen Einwohnern am liebsten, wenn man in Mestre eine Aussichtsplattform aufstellen würde. Sollen die Touristen doch ein stattliches Sümmchen bezahlen und sich das prachtvolle Freiluftmuseum aus der Ferne besehen. Vielleicht wäre das ja auch besser so, denn die Stadt leidet unermesslich, so sehr sie auch vom Besucherandrang lebt ...

Niels Wolgrath saß im *Caffè Chioggia* vor der Biblioteca Marciana des Renaissance-Baumeisters Sansovino und döste. Schlummernd glitt er in seine düsteren Gedanken hinein.

Lange Nachmittagsschatten krochen über die Piazzetta, verscheuchten die flirrenden Sonnenstrahlen und tauchten das Café in kühles Dämmerlicht. Die Säulen des Markus und des Theodor, die einst den Zugang zur Königin der See markierten, wanderten finster über die Fassade des Dogenpalastes, der Campanile fiel auf die Kathedrale und erschlug Tauben und Touristen und...

»Alma!«

»Ja, ich bin hier. Wieso schreist du denn so?«

Niels Wolgrath schlug die Augen auf und starrte sein Gegenüber an. Große lagunengraue Augen, krauses, blondes langes Haar. Das helle Leinenkleid schmiegte sich an den schlanken Körper.

»Alma.«

»Ja, Niels, ich bin's, Alma.«

»Alma Pilic.«

»Sag mal, spinnst du? Ich weiß, wie ich heiße. Du scheinst erstaunt zu sein, mich zu sehen. Zu deiner Erinnerung: Wir sind seit fünf Tagen zusammen in Venedig, remember? In ein und demselben Hotelzimmer, in ein und demselben Bett. Wir machen Urlaub – du von der werblich typographischen Gestaltung der Welt, ich von meiner Doktorarbeit und der Galerie. Außerdem waren wir für fünf Uhr hier verabredet, nachdem du die Basilika nicht schon wieder sehen wolltest!«

In den graugrünen Lagunenaugen bahnte sich ein Gewitter an.

»Ich...« Wolgrath rappelte sich in seinem Sessel auf und strich sich die Haare zurück. »Ich hatte gerade einen entsetzlichen Traum.«

Er schluckte.

»Tatsächlich? Einen Albtraum? Und ich bin die Hauptdarstellerin? Na, vielen Dank auch! Das kann ja noch heiter mit uns werden! Soll ich wieder gehen? Oder besser gleich abreisen?«

Wie um ihre Worte Lügen zu strafen, winkte sie dem Kellner.

»Menschenskind, sei doch nicht immer gleich so giftig! Vielleicht lässt du mich zur Abwechslung mal ausreden.«

Wolgraths Faust landete just in dem Moment auf dem Tisch, als ein livrierter Kellner kam, um Almas Bestellung aufzunehmen. Der Rest eines Caffè freddo ergoss sich über Wolgraths Zeitung und auf Almas Schoß.

Alma schnaufte genervt, gab ihre Bestellung auf und wischte an dem hässlichen braunen Fleck herum, während Wolgrath in aller Hast versuchte, die Zeitung zu retten.

»Hättest du mich lieber schwarzhaarig?«, fragte sie in möglichst beiläufigem Tonfall.

»Wieso denn das? Wenn du schon wieder auf Conny anspielst...«

Wolgrath hatte keine Lust, über seine frühere Freundin zu sprechen.

»Da, schau, was du angerichtet hast!«

Alma stand auf und schob provokativ ihr Schambein vor, wo sich ein dunkler Fleck im hellen Kleid ausbreitete.

Wolgrath lachte aus vollem Hals und schlug mit der Zeitung auf den Tisch.

»Ich hab's doch schon immer gesagt: Du bist ein Kunstwerk!«

Alma lachte auch. Sie strich die Haare zurück, setzte sich und streckte ihren Busen vor.

»Verklemmte Idioten!«, kommentierte sie die Blicke der Gäste, die sich nach dem exzentrischen Paar umgedreht hatten.

»Signora.«

Der Kellner stellte schnell den Kaffee ab. Dass er nicht noch die Augen zumachte, um Alma nicht ansehen zu müssen, war alles.

Wolgrath blickte ihm belustigt nach.

»Die blonden, schamlosen Touris aus dem Norden!

Wenn der wüsste, dass du Halbitalienerin bist!«, spielte er auf Almas italienisch-kroatische Herkunft an.

»Das weiß er. Deshalb ist ihm ja alles so peinlich. Er ist auch aus dem Süden.«

»Hast du ›Südisch‹ mit ihm geredet?«

»Klar, was sonst? Ich kann ja nichts anderes. Mein Italienisch beschränkt sich auf das, was meine Mutter und meine Großeltern mit mir geredet haben. ›Nordisch‹ kann ich nicht. Ich verstehe kein Wort, wenn die Venezianer reden. Da nehme ich dann einfach dich als Dolmetscher.«

Sie prostete ihm mit dem Kaffee zu und führte die heiße Tasse vorsichtig zum Mund. Ihr Blick blieb auf der Zeitung haften, die vor Wolgrath lag, die aufgeschlagene Seite zeigte in Großaufnahme einen Mann mit zerzaustem Haar und geschlossenen Augen.

»Igitt, sieht der tot aus! Was steht denn da?«

Wolgrath beugte sich vor, las und übersetzte die Bildunterschrift:

»Dieser Mann wurde gestern Abend im Kanal im Sestiere Soundso tot aufgefunden. Ersten Untersuchungen zufolge wurde er erschossen … bla, bla. Sachdienliche Hinweise, die zur Identifizierung des Toten und zur Aufklärung der Umstände, die zu seinem Tod führten, beitragen können, bitte unter … bla, bla …«

»Könntest du bitte auch das Blabla übersetzen?«

Wolgrath blickte auf und sah, dass Alma auf das Bild starrte.

»Den kenne ich irgendwoher«, sagte sie tonlos.

»Diesen Mann hier? Unsinn! Woher willst du ihn denn kennen?«

Alma starrte noch immer auf das Bild. Sie war blass geworden.

»Alma!«

»Ich weiß nicht, woher ich ihn kenne, aber ich bin mir sicher, dass ich ihn schon gesehen habe.«

»Quatsch. Auf dem Bild ist kaum etwas zu erkennen. Und nach dem zu urteilen, was zu erkennen ist, sieht er ziemlich normal aus. Ein Allerweltsgesicht: schmal, oval, blaue Augen, steht hier zumindest, schmale Lippen, hohe Stirn – ich tippe eher auf Stirnglatze –, eisgraue Haare. Der Bursche war schätzungsweise Mitte, Ende fünfzig, außerdem war er eins fünfundachtzig groß und ...«

»Trotzdem. Jetzt ist er tot.«

»Alma, reicht es denn nicht, dass ich Albträume habe? Du brauchst nicht auch noch welche.«

»Was hast du denn geträumt?«

»Dass der Campanile auf die Basilika fällt. Und Du, als ernst zu nehmende Kunsthistorikerin, warst gerade da drin im Markusdom und hast dir die Pala d'Oro angesehen.«

»O Gott, das darf doch nicht wahr sein!«

»Ist es ja auch nicht. Lass uns jetzt mit diesem ganzen Albtraum von Mord und Totschlag und einstürzenden Türmen aufhören, Alma. Ich denke, wir sollten uns schnellstens um diesen Fleck kümmern, bevor er eintrocknet«, schlug Wolgrath mit einem schelmischen Grinsen vor.

»Außerdem haben wir für heute Abend einen Tisch bestellt, da sollten wir fit sein!«

Alma lachte.

»Na, dann los!«

Wie immer war es brechend voll in *Harry's Bar*. Die Kellner begrüßten Niels und Alma zuvorkommend.

»Bist du hier Stammgast?«, fragte Alma, nachdem Wolgrath mit dem Kellner gescherzt hatte.

»Wenn ich in Venedig bin, ja. Aber wann bin ich schon mal hier?«

Zwei Bellini landeten mit gekonntem Schwung auf dem Tisch.

»Was ist denn das? Habe ich das bestellt?«, wunderte sich Alma.

»Nein, ich habe das bestellt.«
»Aha. Meinst du nicht, du hättest mich fragen können?«
Auf Almas Stirn bildete sich eine gefährliche Falte.
Wolgrath seufzte.
»Bellini ist hier ein Muss. Außerdem hast du gesagt, es ist dir egal, was du isst und trinkst. Also, wo ist das Problem? Wenn du den Drink nicht willst oder nicht magst, lässt du ihn eben stehen und ich trinke ihn nachher. Aber fang jetzt bitte keine Szene an, ja!«
»Ich fange keine Szene an. Aber ich bin sehr wohl in der Lage, selbst etwas zu bestellen. Je früher du das begreifst, desto besser! Ich habe dieses ganze Fress- und Sauftheater sowieso langsam satt.«
»Hättest du lieber Rührei?«, fragte er augenzwinkernd, denn er hatte Alma in den letzten Monaten dieses einfache, ihr jedoch früher eher verhasste Gericht durch seine fantasievollen Kochkünste schmackhaft gemacht.
»Warum nicht? Oder zur Abwechslung mal gar nichts. Ich habe bestimmt schon zehn Kilo zugenommen, seit ich mit dir zusammen bin«, beschwerte sie sich und übertrieb dabei maßlos.
»Und ich habe mich schon gefragt, woher du immer den dicken Hals hast.«
Wolgrath prustete und besah sich belustigt Almas dünnen Körper, der nur knapp von einem kurzen schwarzen Kleid verhüllt wurde.
»Arsch!«, zischte Alma, musste aber auch lachen. »Tja, mein Kropf füllt sich in deiner Anwesenheit eben immer wieder aufs Neue.«
»Wer wollte denn damals…?«
»Hör endlich mit diesem Thema auf, Niels!«
Alma hatte keine Lust, sich immer wieder anhören zu müssen, dass sie es war, die den ersten Schritt gemacht hatte, nachdem sie beide sich in Tübingen wochenlang wie Hund und Katze angefaucht und angeknurrt hatten.

»Wenn du hättest gehen wollen, so hattest du dazu lange genug Gelegenheit.«
»Und jetzt ist es zu spät?«, fragte Wolgrath mit einem treuherzigem Blick.
»Wozu?«
»Um zu gehen.«
»Wieso? Du kannst jederzeit verschwinden. Ich halte dich nicht.«
Wolgrath wusste, dass es die Wahrheit war. Und er wusste auch, dass ihn das tief treffen würde. Seit dem Tod seiner langjährigen Freundin Conny war Alma Pilic die erste Frau, mit der er nach über zwei Jahren wieder geschlafen hatte. Das war zwar erst vor ein paar Monaten gewesen, aber Alma war eine so schillernde wie gefestigte Persönlichkeit; sie war eine Herausforderung, die ihn von der Trauer um Cornelia Kallert ablenkte. Erstaunt hatte er festgestellt, dass die Erinnerung nicht mehr so schmerzte, seit er sich in Almas Haar vergraben konnte, das genauso widerspenstig war wie die Frau selbst.
»Schade«, sagte er.
Er schluckte den Kloß im Hals und nahm sich die Speisekarte vor, obwohl ihm der Appetit fürs Erste vergangen war.
Alma hatte ihn die ganze Zeit nicht aus den Augen gelassen.
»Du magst mich ja wirklich.«
Wolgrath sah überrascht auf. Er räusperte sich.
»Ich glaube kaum, dass man mit dir zusammen sein kann, ohne dich zu mögen.«
Alma zog eine Schnute.
»Hast du dir eigentlich schon mal überlegt, dass das auch für dich gelten könnte?«
»Für mich? Ich bin der netteste, unkomplizierteste Mensch auf dem ganzen Erdenrund.«
Sie lachte auf.

»Allein diese Aussage macht deutlich, dass du ein überheblicher Kotzbrocken bist.«

Eine Frau und ein Mann gingen an ihnen vorbei zu einem Tisch. Alma blickte auf.

»Aber das ist doch..., das ist Neuhäuser!«

»Wer ist Neuhäuser?«

»Ein renommierter Kunstsachverständiger aus Stuttgart. Ich habe bei ihm mal ein Praktikum gemacht«, sagte sie, ohne den Mann aus den Augen zu lassen. »Und diese Frau kommt mir auch vage bekannt vor.«

»Hat er dich auch gesehen?«

»Keine Ahnung. Ist ja schon ein paar Jährchen her, ich werde schließlich nicht jünger.«

»Hm. Aber bevor du jetzt die ganze Zeit dort hinüberstarrst, widmest du deine Aufmerksamkeit bitte wieder meiner Wenigkeit, zugegeben ohne jedes Renommee, und nachher gehen wir zusammen hin und sagen brav grüß Gott.«

K omisch, seit gestern habe ich das Gefühl, ich sehe überall Leute, die ich kenne«, sagte Alma und ließ geistesabwesend die Gabel in die gelb glänzenden Uova strapazzate fallen, profanes Rührei mit klingendem Namen, das Wolgrath wie jeden Morgen für sie zum Frühstück bestellt hatte.

»Das liegt am vielen Ei, es trübt die Wahrnehmung – und verdirbt den Charakter. Oder es liegt an der vielen gewichtigen Kunst hier, die auf die Gehirnwindungen drückt. Apropos, was hast du denn heute auf deinem Bildungsprogramm stehen?«

»Wieso interessiert dich das?«, fragte sie zurück. »Willst

du mitkommen oder willst du dir zu Hause auf Hochglanzprospekten ansehen, was du versäumst?«

»Jetzt mach bitte mal halblang! Ich wollte gestern nicht mit in die Markuskirche und auch nicht in den Dogenpalast, weil ich das alles schon zigmal gesehen habe und weil es mir keinen Spaß macht, den Genuss mit zehntausend anderen Leuten zu teilen.«

Wolgrath schenkte Kaffee nach und lehnte sich bequem zurück. Er blinzelte verzaubert ins Morgenlicht, das auf dem Canal Grande tanzte, und freute sich – über Venedig, über Alma, über den Urlaub.

»Wie wär's mit den Gemälden von Vittore Carpaccio in der Scuola Grande degli Schia-...?«

Alma hielt wie vom Blitz getroffen inne und starrte einer Frau hinterher, die sich gerade an einen freien Tisch setzte.

»...-voni«, ergänzte Wolgrath, der immer noch genüsslich und mit halb geschlossenen Augen im Sessel lümmelte. »Die Bruderschaft der Dalmatiner.«

Er riss die Augen auf.

»Klar, da fühlst du dich wohl wie zu Hause.«

Wieder eine überflüssige Anspielung auf Almas Herkunft beziehungsweise diesmal auf die ihres Vaters. Und Alma ging auch gar nicht darauf ein, sie hörte es vielleicht nicht einmal, denn sie sah immer noch die Frau an.

»Jetzt weiß ich, woher ich diesen Typen kenne!«

»Welchen Typen? Carpaccio?«

»Nein, den Toten! Den Toten aus der Zeitung.«

Wolgrath fuhr auf und folgte Almas Blick.

»Wovon redest du?«

Alma holte tief Luft.

»Na, das Bild gestern in der Zeitung... Ich wusste doch, dass ich den Mann kenne. Er war mit dieser Frau zusammen, vorgestern und vorvorgestern an der Hotelbar. Und gestern war dieselbe Frau mit Bruno Neuhäuser in *Harry's Bar*. Erinnerst du dich denn nicht an den komischen Vorfall?«

Eine unangenehme Erinnerung. Als Alma und Niels vor dem Verlassen des Lokals diesen Neuhäuser begrüßt hatten, hatte er so getan, als müsse er Almas Praktikum aus den schwärzesten, versandetsten Tiefen seines Gedächtnisses hervorkramen. Vielleicht war es ja auch wirklich so gewesen. Jedenfalls hatte er sich nicht gerade erfreut oder auch nur angenehm überrascht gegeben, er hatte eher völlig verstört, fast gar belästigt gewirkt über dieses Zusammentreffen. Seine Tischdame hatte er den beiden auch nicht vorgestellt und gesagt hatte diese kein Wort.

Niels Wolgrath war das alles ziemlich egal, aber Almas Erinnerung wurde allmählich deutlicher:

»Ich weiß jetzt, wieso die Frau mir bekannt vorkam. Wenn ich mich recht entsinne, ist sie während meines Praktikums ab und zu bei Neuhäuser im Büro gewesen. Aber gearbeitet hat sie dort wohl nicht, das hätte ich gewusst. Obwohl – ich war ja nur vier Monate dort...«

»Vielleicht eine Kollegin von anderswo, eine Freundin, seine Gattin... Was weiß denn ich? Aber jetzt noch mal: Du hast den Toten hier im Hotel mit dieser Frau zusammen gesehen, ich meine, als er noch gelebt hat? Und gestern war sie mit diesem Neuhäuser unterwegs?«, fragte Wolgrath nach.

»Sag ich doch! Ach ja!« Alma schlug sich auf die Stirn. »Der Mann, also der mittlerweile Tote, hat auch mich mal angemacht.«

»Dich angemacht?«, empörte sich Wolgrath. »Davon hast du mir gar nichts erzählt. Wann denn, wie denn, wo denn?«

»Nein, nicht richtig angemacht – er hat mich angesprochen, als ich in der Hotelbar auf dich gewartet habe. Er hat mich gefragt, ob er mich auf einen Drink einladen dürfe. Das Übliche eben. Aber sehr charmant.«

»Das Übliche eben, aber sehr charmant...«, wiederholte Wolgrath. »Dich kann man wirklich keine fünf Minuten allein lassen, schon wirst du mir aufs Übliche, aber charmant abspenstig gemacht.«

»Niels! Lass das und hör mir doch mal zu! Vorgestern war die Frau mit dem Toten hier im Hotel, gestern mit Neuhäuser in *Harry's Bar*.«

»Nachdem der Mann tot war, konnte er sie wohl kaum begleiten, oder? Die Dame hat eben umgehend Trost gefunden oder sich welchen geholt, wenn es so ist, wie du sagst und die Frau diesen Neuhäuser-Lümmel kennt. Solche Leute soll es geben.« Wolgrath zuckte mit den Achseln. »Ist ja auch nicht unattraktiv, die Gute. Und Venedig ist klein. Kann sein, dass wir sie heute oder morgen wieder mit einem anderen Kerl sehen, der im Dom vor ihr in der Schlange gestanden und sie zum Zeitvertreib auf einen Drink eingeladen hat. Aber charmant natürlich.«

»Verstehst du denn nicht, Niels? Vielleicht weiß sie noch gar nicht, dass er tot ist. Oder vielleicht weiß sie etwas, das hilfreich für die Aufklärung des Falles sein kann. Sie schienen sich gut gekannt zu haben. Wirkten irgendwie vertraut...«

»Du weißt erstaunlich gut Bescheid über Dinge, die dich eigentlich nicht interessieren müssten. Das ist ja wie in Tübingen! Wer ist mit wem zusammen? Wer ist nicht mit diesem oder jenem zusammen und warum? Wer tut nur so, als ob...?«

Wolgrath winkte resigniert ab.

»Ich könnte sie doch einfach fragen.«

»Wieso kümmert dich dieser Tote eigentlich?«

»Hm, er hatte so etwas Undurchdringliches... Ich weiß nicht, wie ich sagen soll – ich habe einfach das Gefühl, dass da etwas faul ist.«

»Na prima! Erst ein Déjà-vu, dann auch noch das Zweite Gesicht. Da hab ich mir ja etwas eingehandelt! Bei Martin Krauss warst du nicht so hellsichtig, wenn ich das mal so sagen darf.«

Wolgrath spielte auf den Mord an einem Kind an, bei dem Krauss, der ehemalige Vermieter von Almas Freundin

Siggi Hertneck, erst einmal auf Rang eins der Verdächtigenliste gestanden und zermürbt, wie er gewesen war, sogar eine Schuld eingestanden hatte, die ihn gar nicht traf, bis dann schließlich der wahre Täter, besser gesagt, die Täterin hatte überführt werden können.

»Wieso? Er war's ja nicht. Kommst du jetzt mit?«

»Wohin?«

»Zu dieser Frau. Ich hole nur schnell die Zeitung aus dem Zimmer.«

»Alma, du willst doch nicht im Ernst mit der Zeitung unterm Arm zu dieser Frau gehen und sie fragen, ob sie etwas dazu zu sagen hat?«

»Doch, so ähnlich habe ich mir das vorgestellt.«

Und schon rauschte sie an ihrem Freund vorbei zum Aufzug.

Wolgrath nahm kopfschüttelnd einen Schluck Kaffee. Er verschränkte die Arme vor der Brust und betrachtete die Frau unauffällig. Mittleren Alters oder auch älter, jedenfalls sehr gepflegt, schlank, blond. Irgendwie durchschnittlich. Genau wie dieser Tote. Wolgrath fragte sich, ob er die Frau oder diesen Mann, wenn er noch leben würde, auf der Straße wiedererkennen würde. Wie auch immer, er verspürte wenig Lust auf Kriminalfälle, hatte er doch erst vor wenigen Monaten zusammen mit seinem Freund Manuel Soares der Tübinger Kripo – in diesem und auch in anderen Fällen vertreten durch Kriminalhauptkommissar Peter Mehrfeldt, Abteilung Leib und Leben – geholfen, diesen Kindsmord aufzuklären.

Alma blieb eine halbe Ewigkeit weg. Das verhieß Gutes: Wahrscheinlich hatte sie die Zeitung am Abend in den Papierkorb geworfen, das Zimmer war nun geputzt und das Blatt auf Nimmerwiedersehen verschwunden.

»So. Bist du bereit?«, fragte Alma, als sie schließlich auftauchte und Wolgrath aus seinen Gedanken riss.

»Wo warst du denn so lange?«

»Gehen wir?«, fragte sie, statt eine Antwort zu geben.
Und schon stand sie am Tisch der Dame, die erstaunt aufblickte.
»Entschuldigen Sie, dass wir Sie so unvermittelt ansprechen, aber...«, fing Alma in ihrem südlich gefärbten Italienisch an.
»Prego?«
Große blaue Augen lächelten gezwungen höflich und freudlos in einem makellos geschminkten Gesicht.
»Setzen Sie sich doch«, sagte die Dame auf Deutsch. »Sie waren doch gestern in *Harry's Bar*. Eine ehemalige Praktikantin von Neuhäuser.«
»Ja, genau. Ich habe Sie zuvor schon gesehen. In Stuttgart, wenn ich mich nicht irre. Und nun hier an der Bar. Und..., tja, wir dachten, wir fragen Sie einfach. Die Sache ist die: Wir haben Sie mit einem Mann gesehen. Hier in der Hotelbar...«
Alma zögerte, sie bekam nun doch Skrupel, weil sie so vorgeprescht war, ohne richtig darüber nachzudenken. Sie könnte doch wirklich nicht einfach mit der Tür ins Haus fallen. Wolgrath hatte ja recht, dachte sie: Was ging sie das alles überhaupt an?
Die großen blauen Augen der Unbekannten verengten sich zu dunklen Schlitzen. Sie setzte die Kaffeetasse ab und schluckte. Um ihren Mund zogen sich harte Falten, während Alma ihren Freund Hilfe suchend anblickte.
Niels Wolgrath, der bis jetzt geschwiegen hatte, rang unter dem Tisch die Hände. Er hatte es doch gleich gesagt: Es war eine blöde Idee. Man konnte nicht einfach jemanden ansprechen und ihn über einen Toten ausfragen. Dazu hatte niemand das Recht. Alma und ihre zehnmal verfluchte Courage! Aber er konnte, er durfte sie nicht hängen lassen. Er musste ihr aus dieser Peinlichkeit heraushelfen und beschloss, einen Umweg einzuschlagen, über den sie vielleicht auf einen gewissen Herrn zu sprechen kommen könnten...

Beschwichtigend hob er die Hände und wechselte schnell und gewandt das Thema.

»Meine Freundin hat ja bei Ihrem ... Bekannten in Stuttgart hospitiert«, wagte er sich vor, »und Alma hat mittlerweile auch eine Galerie, müssen Sie wissen ...«

Und so weiter und so fort. Wolgrath redete wie ein Wasserfall. Alma atmete erleichtert aus. Er hatte ihr aus der Patsche geholfen, dafür würde sie ihm immer dankbar sein. Aber wieso redete er jetzt, als würde es um sein Leben gehen? Die namenlose Dame sagte nichts. Sie schien gar nicht hinzuhören.

Mitten in Wolgraths Redeschwall hinein klingelte sein Handy.

»Entschuldigen Sie mich bitte.«

Er stand auf und ging in die Hotelhalle.

Alma übernahm die Konversation über Kunst und Galerien.

»... nicht einfach, junge, vielversprechende Künstler aus dem Ausland kennenzulernen. Und so nahmen wir den Vorschlag des Signore ... ach, jetzt fällt mir sein Name nicht ein, aber er liegt mir auf der Zunge ...«

Alma wartete gespannt, ob sich die Dame vielleicht doch noch verraten würde, indem sie ihr den Namen des großen Unbekannten verriet.

Da kam Wolgrath mit großen Schritten auf die Terrasse zurück. Er war kreidebleich.

»Entschuldigen Sie bitte – ein Notfall«, sagte er zu der Unbekannten und nahm Alma am Arm. »Komm, wir müssen gehen.«

Alma bewegte sich nicht von der Stelle. Sie war verärgert, dass Wolgrath im kritischen Moment hereingeplatzt war. Fast hätte sich die vornehme Dame verraten, meinte sie jedenfalls.

Wolgrath drückte Almas Arm so fest, dass es schmerzte.

»Komm!« Er zog sie fast vom Stuhl.

Er nickte der Dame noch einmal höflich und entschuldigend zu und führte Alma mit eisernem Griff zum Aufzug.

Die Frau starrte den beiden mit offenem Mund hinterher.

»Was ist denn los? Du tust mir weh, verdammt!«

»Es ist etwas passiert«, zischte er. »Etwas Schreckliches. Etwas Furchtbares. Und es ist genauso, wie ich von Anfang an vermutet hatte!«

Sie wand sich in seinem Griff. Aber Wolgrath ließ sie nicht los. Mit einer Hand umklammerte er Almas Arm, mit der anderen sein Handy, als wollte er so den freien Fall ins Grauen verhindern. Er war immer noch so bleich, dass er im gelblichen Licht des Aufzugs aussah wie der Tod selbst.

»Niels! Niels, was ist denn?«, stammelte Alma.

Wortlos führte er sie ins Zimmer, schloss ab und schob sie ins Badezimmer, dessen Tür er auch abschloss. Er drückte Alma auf den Badewannenrand, drehte den Wasserhahn auf und setzte sich ihr gegenüber aufs Bidet.

Alma starrte ihn voller Unverständnis an. Ihr war eiskalt, sie fing an zu zittern. So hatte er damals in Tübingen ausgesehen, als er spätabends noch zum Essen ins *da capo* gekommen war und ihr gesagt hatte, wer das Kind wirklich umgebracht hatte.

Wolgrath legte das Handy in seinen Schoß. Er hatte es so fest in der Hand gehalten, dass seine Knöchel immer noch weiß waren. Mit zitterndem Finger deutete er auf das kleine, schwarze Gerät.

»Weißt du, wer gerade angerufen hat?«

Seine Stimme war rau und dunkel.

»Nein, aber vielleicht sagst du mir ja endlich mal, was hier überhaupt ...«, schrie Alma.

Wolgraths Hand fuhr wie der Blitz zu ihrem Mund und hielt ihn zu.

»Pst! Nimm dich zusammen. Hier haben die Wände Ohren!«

Er drehte noch mehr Wasserhähne auf, im Badezimmer rauschte und toste es wie in einem Monsungewitter.

»Peter. Peter Mehrfeldt«, zischte er.

»U-und?«

Alma schluckte.

Wolgrath holte Luft.

»Soweit ich verstanden habe, hast du ihm vorhin das Bild aus der Zeitung gefaxt. Wovon ich ja nichts wusste. Ich stand natürlich da wie ein Depp!«

Er schenkte seiner Freundin einen vorwurfsvollen Blick.

»Nun, wie dem auch sei, dank unserer wunderbaren Technologie, die in Italien wohl noch nicht Einzug gehalten hat, konnte Peter in einer knappen halben Stunde über diverse Polizeiakten, Interpol-Datenbanken, Physiognomie- und Biometrie-Software, Gesichtserkennung und was weiß ich nicht alles Ähnlichkeiten mit gewissen Personen feststellen.«

»Und wer ist nun der Mann?«

»Wenn sich bestätigen sollte, was man vermutet, handelt es sich um einen international gesuchten Berufskiller, der mit Klebe-Bärten, Toupets, Brillen, falschen Goldzähnen, dreißig Pässen und unter hundert verschiedenen Namen durch die Weltgeschichte getingelt ist.«

»Ein Berufskiller? Und der ist jetzt selber tot?«

»Tja, meine Liebe, auch oder gerade Berufskiller leben gefährlich und vor allem nicht ewig.«

Alma hatte die Stirn in Falten gelegt und rieb sich gedankenverloren die Schläfe.

»Wer bringt einen Berufskiller um?«

Wolgrath schnaufte.

»Möglicherweise ein anderer Berufskiller. Als man den Toten fand, hatte er nichts bei sich – keine Papiere, keine Schlüssel, nichts. Alles, was man weiß, ist, dass er aus nächster Nähe umgelegt wurde. Bumm, bumm – aus! Und das Ganze verlief äußerst brutal, weil man gleich mehrmals auf ihn geschossen hat.«

»Das ist ja interessant!«

»Was soll daran interessant sein, Alma? Ein Killer bringt den anderen um, die Mafiosi räumen sich gegenseitig aus dem Weg – ich finde daran nichts, aber auch gar nichts interessant! Im Gegenteil, dass sie sich dezimieren, erfüllt mich mit hämischer Freude.«

Dennoch kamen Wolgrath Zweifel, weil Profis normalerweise nicht drauflos ballern, sondern gezielt töten. Aber, wie dem auch war, diese Sache war ihm zu heiß.

Alma stützte das Kinn in die Hand.

»Hm. Was hat diese Frau damit zu tun?«

»Alma, komm jetzt bitte wieder auf den Boden!«, fauchte er. »Das geht uns überhaupt nichts an, wir sollten wirklich die Finger von allem und vor allem von jedem lassen, der auch nur entfernt etwas mit dieser Sache zu tun haben könnte.«

»Ich hatte die Frau schon aufs Glatteis gelockt, vielleicht hätte sie sich ja verraten, aber dann bist du wieder auf die Terrasse gekommen.«

»Unsinn! Du fantasierst. Wenn sie etwas damit zu tun hat, verrät sie sich nicht. Das sind Profis.«

»Irgendwann verrät sich jeder. Und wenn sie etwas mit Neuhäuser zu tun hat, ist sie bestimmt keine Profi-Verbrecherin. Der Typ ist so harmlos wie ein Stück Schokolade. Hockt immer nur über seinen Expertisen in seinem angestaubten Büro…«

»Man sieht es den Menschen nicht an.«

»Ja, ja. Außerdem: Wer von uns glotzt denn immer Krimis?«

»Krimis! Das ist doch Kintopp. Und Leute, die aus Verzweiflung, Wut, Hass, Trauer, Geldgier morden, verraten sich mit hoher Wahrscheinlichkeit irgendwann, weil man eine Verbindung zwischen Täter und Opfer herstellen kann, nicht aber irgendwelche Auftragskiller, die mit dem Opfer persönlich nichts zu tun haben und den Mord bis ins kleinste Detail planen. Sie gehen hin, drücken ab und verschwinden dann sofort wieder in der Versenkung. Schnell, sauber und schmerzlos.«

»Gerade hast du gesagt, dass es brutal gewesen sei… Trotzdem sind es Menschen. Menschen machen Fehler. Die Frau war ganz aufgescheucht. Hast du das denn nicht bemerkt? Wir hätten nachhaken sollen.«

Alma war wieder ganz die alte!

»Na klar! Was denn auch sonst! Jawoll, Generalissimo! Ich hab doch mitgekriegt, wie du vorhin vor lauter Bammel nicht weitergewusst hast. Und wer durfte die Wogen wieder glätten? Schütze Arsch, also ich!«

Er war immer lauter geworden.

Alma schnaubte.

»Jetzt komm mal wieder runter und lass uns vernünftig überlegen.«

Wolgrath fuhr auf, packte Alma an der Schulter und schüttelte sie.

»Herrgott noch mal, Alma, hör jetzt endlich mit diesem Blödsinn auf! Wer sagt dir denn, dass die Frau auch nur das Geringste mit dieser Sache zu tun hat? Und wenn? Was, glaubst du, passiert, wenn diese Leute sich beobachtet oder gar ertappt fühlen? Das sind keine Kindesmörder, die vor allem Angst haben, was größer ist als eine Maus! Die putzen alles weg, was ihnen im Weg steht! Und wenn *du* dich ihnen in den Weg stellst, räumen sie eben *dich* weg. So einfach ist das. Solche Typen spaßen nicht. Geht das denn nicht in deinen gottverdammten Dickschädel?«

»Was soll mir schon passieren? Ich habe doch bloß ganz harmlos gefragt. Wegen der Galerie und so. Danke übrigens, dass du eingesprungen bist. Ich hätte nicht gewusst, was ich sagen soll.«

»Siehst du! Gerade deshalb solltest du an so etwas nicht mal im Traum denken! Du bist solchen Leuten nicht gewachsen. Komm jetzt, lass uns etwas Schönes machen.«

Er stellte das Wasser ab und zog Alma aus dem Badezimmer. Er legte den Finger auf die Lippen und blickte mit weit aufgerissenen Augen vielsagend auf Wände und Türen.

»Und Ruhe jetzt – kein Sterbenswörtchen mehr über diese fürchterliche Geschichte!«

»Du bist ja paranoid.«

»Ich bin nur vorsichtig. Ich habe keine Lust, mit dem Gesicht nach unten in einem Kanal zu enden. Venedig kann sehr kalt sein, wie du weißt.«

Alma schnaubte.

»Pah, glaubst du vielleicht, ich habe Lust auf einen Tod in Venedig?«

»Nun, die Tatsachen sprechen jedenfalls für eine gewisse Affinität zu Morbidem.«

»Dann beweise ich dir jetzt das Gegenteil«, lachte Alma und schubste Wolgrath aufs Bett.

»Mamma, was ist Krieg?«, *bohrte der Junge nach.*

Seufzend sagte die Mutter etwas von Ländern, die Streit hätten wegen irgendetwas, »*wie damals, als Genua Venedig erobern wollte oder als die Österreicher kamen*«*, von Menschen, die starben, von Armeen, Soldaten, die einander bekämpften, sich wehtaten, weil der eine etwas wollte, was der andere hatte.*

»*So wie wenn dir jemand dein Bett und deinen Teller wegnehmen wollte. Ich kann dir das nicht richtig erklären. Das wirst du alles mal in der Schule lernen.*«

Sie selbst war nicht zur Schule gegangen. Sie konnte lediglich ihren Namen schreiben, den ihres Sohnes und die Nummer ihres Hauses. Aber ihr Sohn sollte es besser haben, er sollte eine gute Ausbildung bekommen, in eine hoffnungsvolle Zukunft blicken. Dafür würde sie alles tun, sie sparte jede Lira und sie hatte ja auch schon einen guten Grundstock. Von damals…

So viele Erinnerungen kamen in ihr hoch, so viele Demütigungen hatte sie erlebt, so viele Wunden rissen auf, dass es ihr die Tränen in die Augen trieb.

»*Mamma…*«

»*Bitte, Sergio, basta!*«

Er wollte sagen, dass er es niemals zulassen würde, dass jemand sein Bett oder seinen Teller nahm, dass niemand ihm wehtun durfte und schon gar nicht seiner Mutter. Selbst wenn er dafür »*Krieg*« *führen musste. Ein Leben lang, wenn nötig.*

Aber was wusste er schon? Und so sagte er nichts mehr. Er sah nur in kalter Erstarrung zu, wie die Tränen seiner Mutter in ihren Teller tropften.

Zur Beruhigung ihrer angespannten Nerven hatten sich Alma Pilic und Niels Wolgrath zu einer Fahrt über die Lagune entschlossen. Der Wind sollte ihnen die düsteren Gedanken aus dem Kopf blasen und die Spätsommersonne würde vielleicht die Schatten aus Wolgraths Gehirn bannen.

Nach Peter Mehrfeldts Anruf aus Tübingen hatte er richtiggehend Angst um Alma bekommen und sie nur noch aus der Nähe dieser undurchsichtigen, kalten Frau entfernen wollen, egal, ob diese etwas mit der Mordsache zu tun hatte oder nicht. Ihm wurde schon mulmig bei der Vorstellung, dass Alma mit einem Profikiller an der Bar geschäkert hatte... Vielleicht hatte besagte Frau ebenso wenig mit der Sache zu tun wie Alma. Oder war, wenn doch, in die Sache hineingezogen worden. Vielleicht hätte dieser Typ auch Alma in etwas hineingezogen. Aber ein Ermordeter weiß ja für gewöhnlich nicht, dass er ermordet wird. Wie hätte er also überhaupt irgendjemanden in irgendeine Sache hineinziehen können?

»Warum er wohl mit mir etwas trinken wollte?«, fragte Alma, als hätte sie Wolgraths Gedanken gelesen.

»Sieh dich doch mal an!«

»Wieso?«

Wolgrath schob die Sonnenbrille hoch und sah ihr resigniert in die Augen.

»Was willst du hören? Ich weiß nicht, was du sehen würdest, aber ich weiß, was die Männer sehen.«

»Die Männer!«, schnaubte sie. »Mit einer Ausnahme natürlich: deiner geschätzten Person und Wenigkeit. Du hast nur ein Reibeisen in mir gesehen.«

»Ich hatte damals ja eher akustisch als optisch Kontakt mit dir.«

Er schluckte kurz und hart, weil er sich daran erinnerte, unter welchen Umständen sie sich begegnet waren, eben nach dem Mord an einem kleinen Mädchen, weswegen sie ein paar Mal telefoniert und sich ziemlich angekeift hatten.

Zum ersten Mal gesehen allerdings hatten sie sich bei der fulminanten Eröffnung von Almas Galerie »Alma Ars« in der Tübinger Burgsteige, zu der Manuel Soares, der Freund von Almas bester Freundin Siggi, wiederum seinen Freund Wolgrath im April mitgeschleppt hatte.

»Und? War die Akustik schlecht?«, fragte sie so amüsiert wie auch kratzbürstig.

»Ach, Alma, was soll das denn jetzt? Ich war für dich ja auch nicht gerade Liebe auf den ersten Blick.«

Alma lachte auf.

»Na ja, du hörst dich ja auch besser an, als dass du aussiehst.«

»Ich sehe völlig normal aus.«

»Eben.« Sie grinste und nahm ihn in den Arm. »Und überhaupt – wer spricht denn hier von Liebe?«, flüsterte sie ihm ins Ohr, das von seinen blonden, zerzausten Haaren wild umweht wurde.

»›It is enough that we once came together; / What is the use of setting it to rime?‹«, murmelte Niels ein Verschen des Wahl-Venezianers Ezra Pound.

»Willst du jetzt deinem Freund Manuel Konkurrenz machen?«

Wolgrath sagte nichts. Er hielt Alma nur fest. Und ließ sie nicht mehr los, bis das Boot mit einem Ruck an der Mole von Murano anlegte.

»Sollen wir überhaupt hier aussteigen? Ich habe jetzt keine Lust auf Glasbläserei«, sagte Alma.

»Hast du denn keinen Hunger?«

»Hunger?«, fragte sie verwundert. »Wir haben erst vor drei Stunden gefrühstückt.«

»Nein, ich nicht«, sagte Niels Wolgrath, der keinen Wert auf das langweilige italienische Frühstück legte und sich stets mit Kaffee begnügte, »und du hast ja vor lauter Aufregung nicht mal dein mittlerweile so geliebtes Rührei angerührt.«

Alma seufzte, weil sie inzwischen wusste: Ein hungriger Wolgrath war ein unleidlicher Wolgrath.

»Hier wird's ja wohl was für dich geben«, meinte sie und sah sich eifrig um.

»Ich habe eine bessere Idee«, sagte Wolgrath. »Lass uns nach Torcello fahren. Dort kannst du bei der kontemplativen Betrachtung einer künstlerischen Meisterleistung ein kulinarisches Meisterwerk verdauen. Oder kannst dir umgekehrt die Kunst beim Gaumengenuss auf der Zunge zergehen lassen.«

»Das Weltgerichtsmosaik?«

Wolgrath hob kapitulierend die Hände.

»Hoppla! Die hochverehrte, geschätzte Fachfrau weiß natürlich schon alles.«

»Schade eigentlich, dass die Menschheit noch so lange bis zum jüngsten Tag warten muss. Sieht sehr gelungen aus, das Weltgericht«, stellte Alma fest, als sie von der Kirche Santa Maria Assunta zum Restaurant schlenderten.

»Ach? Und auf welcher Seite würden wir landen?«

»Das ist ja wohl keine Frage!«

»Hast du denn keine Leichen im Keller?«

»Nö. Jedenfalls keine, die stinken.«

Wolgrath lachte.

»Du hast sie anscheinend gut ausgebeint!«

»Ausgesaugt und abgenagt.«

»Das war das Stichwort des Tages. Mensch, hab ich einen Hunger! Ich freue mich schon aufs Mittagessen. Das ist hier ausgezeichnet. Schon Hemingway hat es sich hier gut gehen lassen. Kräuter und Gemüse ziehen sie auf der Insel selbst.«

»Hier? In diesem Morast?«

»Sie haben den Sumpf an manchen Stellen trockengelegt. Außerdem war Torcello früher die Hauptinsel von Venedig, die Wiege der Serenissima sozusagen.«

»Tatsächlich?« Alma staunte nicht schlecht. »Schöne Einöde! Man kann sich gar nicht vorstellen, dass daraus so eine strahlende Republik entstanden ist.«

»Die Veneter sind vor den grässlichen Barbaren vom Festland auf die Inseln in der Lagune geflohen, haben Landbesitz und Landwirtschaft aufgegeben und mit Fischfang und Schifffahrt begonnen. Irgendwann haben sie ihre Unabhängigkeit von Byzanz beansprucht. Dann aber kam Pippin...«

»Woher weißt du denn das alles so genau?«, fragte Alma ein wenig verwundert.

»Als Grafiker habe ich auch ein, zwei Kurse oder auch ein paar mehr in Kunstgeschichte gehabt – ich wundere mich vielmehr, dass du als gestandene Kunsthistorikerin so wenig über Venedig weißt... Also, dann kam Pippin, die Veneter standen gegen ihn und der oströmische Kaiser gewährte ihnen einen Sonderstatus als Stadtstaat. Eine Hand wäscht die andere.«

»Wie wahr!«, meinte Alma – allerdings in Gedanken an die blonde Frau, diesen ominösen Toten und den griesgrämigen Bruno Neuhäuser, der so getan hatte, als erinnere er sich nicht an sie. Sie überlegte, wer da wohl wessen Hände gewaschen hatte.

Alma Pilic und Niels Wolgrath, die sich spaßeshalber als frisch vermähltes Paar im obligatorischen Honeymoon ausgaben, bekamen einen schönen Tisch auf der Terrasse. Es gab knackiges gebratenes Gemüse, Petersfisch für Alma und Lammcarré für Wolgrath. Er langte kräftig zu, Almas Magen jedoch war wie zugeschnürt. Sie zwang sich aber zu essen, denn sie wollte nicht, dass Niels nachfragte und das Thema schon wieder auf den Toten kam. Sie war eine schlechte Lügnerin und sie wusste, dass Niels nicht gescherzt hatte mit seiner Warnung, die Finger von dieser Angelegenheit zu lassen. Aber irgendetwas war an der Sache oberfaul. Sie hatte so ein Gefühl. Es ließ ihr einfach keine Ruhe.

Die Vorbereitungen und das Training für die Regata storica waren in vollem Gange. Der seit Jahrhunderten gefeierte Corso der historischen Boote mit kostümierten Besatzungen wurde traditionell angeführt vom Bucintoro, der goldenen Prachtgaleere des Dogen, die natürlich im Arsenale, dem einstigen großen Stolz der ganzen Serenissima Repubblica di Venezia, gefertigt worden war: Die Werftarbeiter des Arsenale waren damals hoch angesehen gewesen, ihr traditionelles Viertel, der Sestiere Castello – also besser gesagt, das »Sechstel« –, war noch immer schön und heimelig.

Nach dem Corso fanden die eigentlichen Regatten der Ruderer und Gondoliere statt, die Route ging von den Napoleonischen Gärten – ausgerechnet, nachdem Old Nap sich die Republik einverleibt und den echten Bucintoro hatte kurz und klein schlagen lassen – zur Machina, der Anlegestelle vor der Ca' Foscari. Schnellrudern war in früherer Zeit ein wesentlicher Sport für eine Branche des Handels und Wandels in der Stadt gewesen, wollten die Fischer von ihren frühmorgendlichen Fangzügen in der Lagune doch schnellstens zurückkehren und sich die besten Plätze auf den Märkten sichern.

Trotzdem dümpelte das Boot mit Alma und Niels an Bord von Torcello im nachmittäglichen Dunst nach Venedig zurück.

Das üppige Mittagessen hatte ihre Mägen beansprucht, der Wind strich sanft über ihre Schläfen, hinter denen sich nichts als der Wunsch nach einem erfrischenden Schläfchen verbarg. Doch kurz vor den Fondamente Nuove, wo sie umsteigen mussten, brauste gischtend und mit hohen Bugwellen ein Wassertaxi vorbei und schreckte Alma aus ihrer Schläfrigkeit auf.

Die blonde Frau!

Alma war sicher, dort im Taxi diese Frau gesehen zu haben. Ihr Herz begann zu rasen. Sie warf einen Seitenblick auf Niels, der jedoch vor sich hin döste und nichts bemerkt hatte.

Sie konnte gar nicht schnell genug ins Hotel zurückkommen, so aufgeregt war sie. Doch ausgerechnet das Vaporetto, das sie zum Canal Grande bringen sollte, ließ ewig auf sich warten, jedenfalls kam es Alma so vor.

»Das dauert ja Ewigkeiten!«, schnaubte sie.

»Wieso hast du es denn so eilig? Wir sind doch im Urlaub und erholen uns. Sag bloß, du hast dein Bildungsprogramm für heute noch nicht abgeschlossen.«

»Doch, doch«, sagte Alma schnell. »Aber ich bin total kaputt, ich muss mich dringend hinlegen.«

»Und ich erst!«

Nach einer halben Stunde waren sie schließlich und endlich am Ziel. Mit letzter Kraft schleppten sie sich in ihr Zimmer und ließen sich gleich aufs Bett fallen. Wolgrath schnarchte binnen Sekunden.

Alma hörte es, löste sich vorsichtig aus seiner Umarmung und ging ins Bad. Sie nahm eine kalte Dusche und versuchte dann vor dem Spiegel, ihre sich überstürzenden Gedanken zu ordnen: Es gab eine Verbindung zwischen der blonden Frau und dem toten Mann, dem gekillten Berufskiller, und es gab eine Verbindung zwischen der blonden Frau und Bruno Neuhäuser, mit dem sie in *Harry's Bar* gewesen war. Das war alles, was Alma wusste, aber es war eindeutig. Der Rest war irgendein Gefühl, unbestimmt, flach und flau... Und das war zu wenig. Könnte sie über Neuhäuser etwas über diese Frau erfahren, womöglich gar an sie herankommen? Nachdem sie den Kunstsachverständigen nun wiedergesehen hatten, könnte sie etwas erfinden und behaupten...

Oder aber... Genau, das war die Idee!

Entschlossen nahm sie das dicke Buch über die venezianische Malerei des 16. Jahrhunderts von ihrem Nachttisch und ging zur Rezeption hinunter.

»Signore, könnten Sie mir wohl einen Gefallen tun?«,

fragte Alma. »Ein Gast hat mir freundlicherweise dieses Buch ausgeliehen, eine große, blonde Frau«, sie beschrieb, was besagte Dame am Morgen angehabt hatte. »Ich wollte es ihr zurückgeben, habe aber leider ihre Zimmernummer vergessen.«

Der Portier dachte nach.

»Hm. Große blonde Frau? Aspetti... Nun, da gäbe es so einige... Oh, Sie meinen sicherlich Signora Wallner. Sie ist heute Mittag abgereist. Tut mir leid.«

Alma Pilic riss die Augen auf, als sie den deutsch klingenden Namen hörte.

»O je! Was mache ich denn jetzt?« In gespielter Verzweiflung fuhr sie sich übers Kinn. »Hätten Sie vielleicht ihre Adresse, damit ich ihr das Buch schicken kann? Es ist ein sehr wertvoller, seltener Band. Ich frage mich, wieso sie es nicht von mir zurückverlangt hat, bevor sie abgefahren ist.«

»Sie schien sehr in Eile gewesen zu sein, die Signora... Ich sehe rasch mal nach der Adresse. Momentino.«

Nun zahlen sich einerseits die übertriebene Bürokratie der Italiener und andererseits der mangelnde Datenschutz endlich mal aus, dachte Alma maliziös. Sie kannte kein anderes Land, in dem man nur unter Aufbietung der stichhaltigsten Beweise für seine Existenz ein Zimmer mieten konnte – und andere diese Identität dann gegen einen kleinen Obolus in Erfahrung bringen konnten.

Der Portier reichte ihr einen Zettel – Alma reichte ihm einen Schein.

»Grazie tante, mille grazie!«, sagten beide gleichzeitig.

Mit dem Schatz in der Hand ging sie zur Bar und ließ sich ein Glas Vecchia Romagna geben. Das hatte sie von ihrem Niels gelernt: »Aus kniffligen Situationen spült dich ein Weinbrand hinaus«, lautete eine seiner Weisheiten.

Und jetzt, fragte sie sich, während sie auf die Adresse starrte: *Beata Wallner, Uhlandstraße, Tübingen.*

Nicht zu glauben – eine Tübingerin. So ein Zufall! Aber wer war sie? Was war sie? Und was hatte sie mit einem Auftragskiller zu schaffen? Sie nippte am Cognac und starrte auf einen imaginären Punkt hinter der Bar.

»Geht es Ihnen gut?«, hörte sie eine Stimme wie aus weiter Ferne.

Sie sah auf. Der Barkeeper stand mit besorgtem Blick vor ihr.

»Oh, ja, ich ... ich war nur in Gedanken«, lächelte sie.

Der Barista! Er kannte diese Beata Wallner sicherlich, sie hatte sich ja auch in der Bar herumgetrieben – und zwar mit dem Toten aus dem Kanal.

»Ich hatte mir ein Buch von Signora Wallner ausgeliehen, nun ist sie abgereist und ich hatte leider keine Gelegenheit, es ihr zurückzugeben.«

»Ah! Signora Wallner ist seit vielen Jahren Gast in unserem Hause. Eine sehr angenehme Person und eine sehr angesehene Anwältin in ihrer Heimat«, schwärmte der Mann fast ehrfürchtig. »Lassen Sie das Buch doch einfach an der Rezeption, sie kommt bestimmt in den nächsten Monaten wieder.«

Tja, oder auch nicht, dachte sich Alma Pilic und sah wieder die Frau im Wassertaxi vor sich. Wieso diese plötzliche Abreise? War das geplant oder überstürzt?

»Vielleicht ist ihr Mann noch hier«, wagte sie sich vor. »Ich könnte ihm das Buch geben.«

»Ihr Mann?« Der Barista runzelte die Stirn. »Signora Wallner wohnt immer allein hier.«

»Aber sie hat doch in der Bar mit einem Mann ...«

»Ach, sie plaudert eben gerne.«

Alma kam auf den Gedanken, dass der unidentifizierte Tote vielleicht auch Tourist gewesen war und vielleicht sogar hier im Hotel gewohnt hatte.

»War der Mann auch hier Gast?«, fragte sie gleich.

»Welcher Mann soll das denn gewesen sein?«, fragte er

und schüttelte dann vehement den Kopf. »Nein, nein, egal wer oder wen Sie meinen – nicht, dass ich wüsste. Jedenfalls ist die Signora eine sehr nette Dame. Und sehr gebildet.«

»Ja, das ist wahr. Sie kennt sich in der venezianischen Kunst hervorragend aus.«

Ob Mord wohl auch zu den Schönen Künsten zählte?

Sollte sie Peter Mehrfeldt anrufen? Der würde es aber bestimmt gleich wieder Niels petzen. Und wenn sie ihre Freundin Siggi und Niels' best friend Manuel informierte und die beiden unter dem Siegel der Verschwiegenheit zu Mehrfeldt schickte…?

Nein. Nur was man selbst machte, war richtig gemacht. Am besten ging sie also hier in Venedig zur Polizei. Warum auch nicht?

Warum auch nicht?

Das fragte sich Lucio Lunetti, Commissario Capo der Squadra omicidi, der Mordkommission der Polizia di Stato, nachdem er am Morgen den Anruf eines Kollegen aus Deutschland bekommen hatte und aus allen Wolken gefallen war.

Der Tote, der Erschossene und somit Ermordete, den sie vor drei Tagen ohne Papiere, ohne jeden Hinweis auf seine Identität aus dem Wasser eines kleinen Kanals im Sestiere San Marco gefischt hatten, soll ein Auftragskiller gewesen sein?

Verflixt und zugenäht, warum konnte es kein blöder Tourist sein, der sich verlaufen hatte und in den Kanal gefallen war? Warum kein Venezianer, der sich ein Gläschen Wein, in Venedig »ombretta« genannt, zu viel hinter die Binde gegossen und nicht mehr nach Hause gefunden hatte? Oder einer, der vor lauter Staunen und Begeisterung über diese »Kulisse«, die Venedig für manche Leute darstellte, von einem dieser vermaledeiten Kreuzfahrtschiffe geplumpst war?

Nein, ein Auftragskiller soll es sein. Ein gekillter Auftragskiller! Sonst noch Wünsche?

Hatten sie hier denn nicht schon genügend andere Probleme, speziell und ganz allgemein? Denn Venedig, diese wunderbare Stadt, war vom Tourismus, vor allem von den Kreuzfahrern bis in die gebeutelten Pfahlfundamente hinein erschüttert. Und was nützte es letztendlich, wenn eine Stadt ausblutet und ausstirbt, weil die normalen Bewohner es sich nicht mehr leisten können, dort zu leben, und mit Sack und Pack aufs Festland ziehen müssen?

Missmutig blickte Commissario Lunetti aus seinem düsteren, schmucklosen Büro in Santa Croce auf die noch düsterere schmucklose Gasse hinunter. Das hier, das war seine Realität – nicht ein sonniges Büro an einem sonnigen und ach so pittoresken Campo, wie die deutschen Besucher immer meinten, die sich zu viele Venedigfilme im Fernsehen ansahen. Nein, das hier war beileibe kein Rokoko.

Dennoch war der Kommissar immer froh gewesen, hier in seiner Heimatstadt arbeiten zu dürfen, wo die Krimiautoren auf dem Papier mehr Leute umbrachten, als jährlich hier überhaupt Menschen an ganz natürlichen Ursachen starben, und wo sich Gewaltverbrechen seit einiger Zeit wieder in Grenzen hielten, verglichen mit Rom oder Mailand, sogar mit Verona und Vicenza, von den südlichen Regionen seines Landes gar nicht erst zu reden.

Jedenfalls war Venedig laut Kriminalstatistik nicht erst in letzter Zeit, bis auf wenige Ausnahmejahre, die italienische Großstadt mit den wenigsten Kriminaldelikten überhaupt, abgesehen von tourismusbedingter Saisonarbeit wie Taschendiebstählen und Produktpiraterie. Außerdem war Venedig die Stadt mit der geringsten Mordrate im ganzen Land.

Und jetzt das!

Natürlich dachte der Kommissar, wenn er das Wort Killer hörte, als Italiener gleich an die Mafia, auch wenn dieser Begriff für ihn als Polizisten ein so obsoleter war wie Kopfweh für den Mediziner.

Die »Mafia« ist zwar landesweit und auch längst international tätig und hat weithin Verbindungen und Verästelungen, Allianzen, Helfer und Profiteure, aber ihr Stammland ist der Süden: Sizilien mit der Cosa Nostra, Kalabrien und die 'Ndrangheta, die Sacra Corona Unita in Apulien und die Camorra oder das Sistema in Kampanien. Um nur die Wichtigsten zu nennen.

Hier im Veneto war es einmal die Mala del Brenta gewesen, wusste Lunetti aus der Anfangszeit seiner Laufbahn bei der Polizia di Stato. Das Syndikat verdankte seine Entstehung zwar auch den »Terroni« aus dem Süden, war historisch aber anders zu bewerten. Ende der Siebzigerjahre gingen darin die bis dahin vergleichsweise kleinkriminellen Organisationen der Mestrini, der Veneziani und anderer Banden auf, die dann mit der blutigen Übernahme der Wechselgeschäfte im Casinò von Venedig gewissermaßen einen Quantensprung schafften und Terror im ganzen Nordosten Italiens verbreiteten.

Mitte der Neunziger konnte das Syndikat mit der Verhaftung seines Capos Felice »Angel Face« Maniero zerschlagen werden, nicht zuletzt weil dieser sich entschlossen hatte, mit der Justiz zu kooperieren.

Aber – und wie sollte es denn auch anders sein? – gleich darauf organisierte sich eine neue Gruppierung, die Nuova Mala del Brenta, um zum einen den singenden Ex-Boss und Verräter auszuschalten und zum anderen weiterhin Millionengeschäfte mit Waffen-, Drogen- und Menschenhandel, mit Subventions- und Steuerbetrügereien und in anderen lukrativen Nischen zu tätigen. Doch nachdem wieder mal einer geplaudert hatte, hatte man unlängst auch dieser Bande habhaft werden können.

Was hieß das nun, fragte sich Lunetti ein wenig resigniert. Gab es jetzt schon wieder eine Neuauflage der Malavitosi? Ging es denn immer und ewig so weiter?

Ja, warum auch nicht, sagte er sich dann.

Solange es Menschen gab, gab es Verbrechen. Und das Verbrechen war schließlich das ursächliche Pendant zu seinem Beruf, dessen Berechtigung und Bestätigung. Was würde er ohne Verbrecher tun, fragte sich der Kommissar mit einem Anflug von selbstkritischem Zynismus.

Trotz allem! Es ärgerte ihn ziemlich, dass der Fall eine solche Richtung nahm und damit in so verwickelte, unübersichtliche Dimensionen führte. Und das, nachdem anfänglich keiner etwas mit dem toten Mann in Verbindung hatte bringen können, nachdem ihn erst keiner erkannt, gekannt, keiner ihn vermisst hatte. Klar doch! Wer vermisste schon einen Auftragskiller?

Aber was tat so einer, wenn er keine Aufträge bearbeitete? Auch so ein Kerl hatte doch so etwas wie ein normales Leben, hatte Familie, Freunde, eine Mutter, Frau, Geliebte …

Müde fuhr Lunetti sich übers Gesicht und drehte sich zu seinem Schreibtisch um. Wenn alles so war, wie der letzte Stand der Dinge besagte, war es sehr wahrscheinlich, dass dieser Auftragskiller von einem anderen Auftragskiller um die Ecke gebracht worden war, und der konnte von überallher gekommen und mittlerweile auch schon wieder über alle Berge verschwunden sein.

Dennoch müsste er den üblichen Verdächtigen, die es natürlich immer gab, auf den Zahn fühlen, müsste die alten Chargen und die Helfershelfer der Mala und der Nuova Mala vorladen, sofern sie nicht oder nicht mehr einsaßen, müsste die Spitzel kontaktieren, müsste mit den Kollegen der Abteilung Organisiertes Verbrechen zusammenarbeiten, auch wenn die Morde, die den »Familien« angerechnet werden mussten, seit den Neunzigerjahren immer weiter zurückgingen. Aber in diesem Fall ... Und vielleicht könnte oder müsste er die Sache dann ja auch abgeben.

Aber zuerst einmal musste zweifelsfrei festgestellt werden, wer der Ermordete war. Die Anfrage an die Datenbanken von Europol und Interpol hatte tatsächlich Hinweise ergeben, jedoch auch genauso viele Namen für das dazugehörige Gesicht, das nicht an konkreten Tatorten, aber doch einige Male in der Nähe von Schauplätzen unaufgeklärter Morde eher zufällig von Überwachungskameras aufgezeichnet, dann aber mit Material der Grenzpolizeien abgeglichen und gespeichert worden war. Diese Orte waren international angesiedelt, seltsamerweise befand sich keiner davon hier in Italien. Also könnte dieser Tote auch alles andere als ein Italiener sein, es war sogar eher wahrscheinlich. Man hatte ihn nie aufspüren und in die Zange nehmen können. Außerdem war er in den letzten Jahren überhaupt nicht mehr in Erscheinung getreten ...

Lunetti stöhnte innerlich.

Aber wie dem auch wäre, eine erste Spur führte jedenfalls ins *Hotel Monaco & Grand Canal*. Dort war diese Frau abgestiegen, die einem deutschen Kollegen das Foto aus der Zeitung gefaxt und den Toten angeblich in der Hotelbar gesehen hatte. Und dann müsste er das Hotelpersonal befragen, vielleicht auch andere Hotelgäste, womöglich andere Hotels ...

Was er nicht alles tun müsste! Und dann würde am Wochenende auch noch die Regata storica stattfinden, mit ihrem Gewimmel und Gewusel und ihren erfahrungsgemäß hohen Anforderungen an die Polizei im Allgemeinen, wenn auch nicht unbedingt an die Mordkommission oder an ihn im Speziellen. Um auf der sicheren Seite zu sein, sollte man jedoch immer mit allem rechnen. Denn was schieflaufen konnte, würde irgendwann auch einmal schieflaufen, das war das Gesetz des kalkulierbaren Zufalls.

Lucio Lunetti musste sich selbst einen gewaltigen Tritt

geben. Denn ihm war völlig klar, dass er nur deshalb so zögerlich war und sich so träge fühlte, weil das Opfer offenbar oder angeblich aus dem Milieu stammte. Die Banden dezimierten sich gegenseitig ja meist selbst, und wenn der Kommissar ehrlich war, hielten sich sein Interesse und sein Ermittlungsdrang bei einem toten Killer in Grenzen. Man musste fast froh sein, dass da nun einer weniger wäre, fand er, aber das war natürlich ein zynischer und auch ein selbstgerechter Gedanke, und das wusste er. Schließlich wuchsen immer Neue nach, außerdem: Wo es einen Ermordeten gab, gab es auch einen Mörder und der gehörte dingfest gemacht.

Sollte dieser Mörder dann, und das nicht ganz zufällig, auch aus einschlägigen Kreisen stammen, hätte man noch einen von denen am Kragen und damit vielleicht sogar einen Hebel und eine Möglichkeit, einen neuen oder einen weiteren Familiensumpf auszutrocknen. Und was wollte ein Ermittler, noch dazu ein italienischer Kommissar, mehr von seinem Job?

Ein unaufgeklärtes Verbrechen war eben doch immer ein Stachel im Fleisch der Polizei. Also sollte er mal ein bisschen mehr Ehrgeiz und Verve an den Tag legen!

Aber kasteien musste er sich auch wieder nicht. Immerhin waren die kriminaltechnische Untersuchung und die Obduktion abgeschlossen, bis auf die DNS-Analyse. Verwertbare Hinweise und belastbare Indizien hatten beide nicht ergeben. Die Spurensuche am Kanal war naturgemäß vergebliche Mühe gewesen, überdies hatte es vor drei Nächten geregnet. Das Wasser hatte alle Spuren aus- und weggewaschen. Es war nicht einmal zu klären, ob der Fundort der Leiche auch tatortnah war, die Befragung der Anwohner war müßig gewesen, keiner konnte etwas Sachdienliches beitragen, keiner hatte etwas gesehen oder gehört.

Also war die Tat aller Wahrscheinlichkeit nach irgendwo anders begangen worden, ansonsten müsste ja jemand die

Schüsse gehört haben. Aber es gab schließlich Schalldämpfer, es gab Infraschallmunition. Anderseits – wie konnte man ungesehen eine Leiche transportieren, einen erwachsenen toten Mann? Es sprach schon irgendwie alles für einen von langer Hand geplanten und gut organisierten Auftragsmord. Aber wieso dann die vielen Schüsse, die auf den Mann abgegeben worden waren?

Außer ein paar uralten Narben hatte der Tote keine besonderen und unveränderlichen Merkmale aufzuweisen, über einer größeren Narbe hatte er sich tätowieren lassen, ein Tribal-Muster, das die Haut von Zehntausenden Menschen zierte – oder verunstaltete. Sein körperlicher Zustand, seine Gesundheit waren im Leben gut gewesen, seine Organe intakt, es gab keine Krankheiten oder Anomalien. Seine Fingerabdrücke waren nicht im System gespeichert.

Vielleicht könnte man mit dem Zahnstatus etwas anfangen, aber, wie gesagt, es war ja völlig unklar, welcher Nationalität der Mann war, und wo sollte man da anfangen, wo mit den Ermittlungen ansetzen? Überhaupt hatte er nicht unbedingt wie ein Italiener ausgesehen, was aber natürlich nichts heißen musste. Die Kleidung war maßgeschneidert und ohne Etiketten, die Schuhe waren Made in Italy – na, so was aber auch! Bislang war lediglich das Kaliber der Kugeln bekannt, mit denen der Mann durchsiebt worden war, aber ohne die Mordwaffe brachte das nichts, genauso wenig wie die DNS etwas bringen würde, solange man keine Vergleichsprobe in der Datenbank gespeichert hatte.

Fragen und Zweifel allenthalben. Aber der Anfang war gemacht und der Kommissar hatte auch schon ein paar Männer ausgeschickt, um einige alte Bekannte zur Befragung vorzuladen. Genau! Wo blieben sie denn? Hatten sie sich schon und womöglich zusammen – man kannte und schätzte sich im Grunde ja auf den beiden Seiten des Gesetzes – auf den Giro d'ombre begeben, wie der Venezianer gern seinen feierabendlichen Gang durch die Bàcari nennt? Dabei kippt er im Stehen an einem Ausschank oder an der Theke eines Weinlokals plaudernd ein kleines Glas und zieht dann weiter in die nächste Kneipe zur nächsten »ombra« – der Legende nach zum nächsten »Schatten«, weil früher die Weinhändler mit ihren Flaschen und Fässern immer dem Schatten nach um den Campanile gezogen waren. Doch letztendlich ist die Ombra oder Ombretta eine alte, regionale Maßeinheit.

In Venedig ist das Trinken kein Problem, man muss ja nicht Auto fahren. Andererseits verleitet es dazu, doch den einen oder anderen Schluck über den Durst zu trinken, meinte Lunetti und dachte gleich darauf: Egal, ich ziehe jetzt auch erst mal um die Häuser! Der Tote ist noch lange tot und den Mörder – den Auftragsmörder – kriege ich auch morgen noch. Wenn überhaupt. Denn das Morden war dessen Job.

Lunetti fuhr seinen Computer herunter, schob seine Akten zusammen und nahm sein Sakko vom Stuhl.

Da klopfte es an die Tür.

Die flachen Strahlen der untergehenden Sonne schienen Alma Pilic entgegen, als sie die Questura verließ. Sie ging zum Piazzale Roma, dem großen Platz und Verkehrsknotenpunkt im Norden der Stadt, der noch mit dem Wagen zu erreichen war. Von dort wollte sie ein Vaporetto zurück zum Hotel am Calle Vallaresso nehmen. Das dicke Buch über venezianische Malerei hatte sie mitgenommen – als Alibi für Wolgrath, der von ihrem Besuch bei Commissario Lunetti natürlich nichts wissen durfte.

Sie lächelte still in sich hinein.

Plötzlich wurde sie grob von hinten am Arm gepackt und

herumgerissen. Sie erschrak zu Tode, das Buch klatschte laut auf den Boden.

Vor ihr stand Niels Wolgrath.

Mit einem erleichterten Lächeln atmete sie aus. Doch das Lächeln wich schnell der Empörung über seine Grobheit.

»Mensch, hast du mich vielleicht erschreckt! Was machst du denn überhaupt hier?«

Keine Antwort.

Niels Wolgraths Gesicht war zu einer steinernen Maske erstarrt, seine Augen hatten die Farbe und die Härte antarktischen Eises.

Alma gefror bei diesem undurchdringlichen, starren Blick das Blut in den Adern.

Doch als sie sich wieder einigermaßen gefasst hatte, schluckte sie trocken und fragte schon wieder ein wenig bissig:

»Sag mal – spionierst du mir nach?«

Ihre gläserne Stimme war ihr selbst fremd.

Keine Antwort.

Alma Pilic fixierte ihren Freund mit tiefen Meeresaugen, über denen nun ein leichter Dunstschleier des Zornes und des Unverständnisses lag. Irgendwie kannten sie sich nach den wenigen Monaten, die sie nun zusammen waren, noch nicht gut genug, um einander in bestimmten Situationen einschätzen zu können.

»Ich habe dich etwas gefragt!«, zischte sie nun doch ziemlich ungehalten.

Sie merkte erst jetzt, dass ihr Arm immer noch in einer eisernen Klammer steckte, sie schüttelte, drehte und wand sich.

Aber Wolgrath ließ sie nicht los.

»Warum?«, fragte er nur.

»Niels, verdammt! Du tust mir weh! Lass mich los, verflucht noch eins, oder ich schreie!«

Er packte sie noch fester. Sein Blick bohrte sich Unheil verkündend in ihre Augen.
»Warum, Alma?«
»Was regt dich so auf?«, echauffierte sie sich. »Verdammt, wer von uns rennt denn auf Hobby-Mörderfang immer durch die halbe Weltgeschichte?«
»Blödsinn! Ich war damals lediglich in Portugal, nachdem Manuel mich völlig verzweifelt angerufen hatte.«
Den Lusitanistik-Professor Manuel Soares hatte Niels Wolgrath vor zweieinhalb Jahren kennengelernt, nachdem seine damalige Freundin Cornelia Kallert, Gasthörerin von Soares, unter ungeklärten Umständen ums Leben gekommen war. Soares war damals der unumstößlichen Meinung gewesen, bei Connys Tod wäre etwas nicht mit rechten Dingen zugegangen. So hatten sie gemeinsam ermittelt und sich angefreundet und Wolgrath war durch den neuen Freund wieder ein wenig aus seinem schwarzen Loch herausgekommen. Im Sommer darauf hatte Soares ein kleines Abenteuer mit einem Transvestiten gehabt, der dann, als Selbstmord getarnt, ermordet worden war. Soares war selbst unter Verdacht geraten und Wolgrath war damals umgehend nach Lissabon geflogen, um ihm aus diesem Schlamassel herauszuhelfen – und den Mordfall ganz nebenbei zu klären...
»Aber ist ja auch egal. Jedenfalls willst du mir jetzt also nacheifern, verstehe ich das richtig?«, fragte er nun schon wieder ein wenig zugänglicher.
»Nur, was du wohl ums Verrecken, und das meine ich wortwörtlich, nicht verstehen willst, Alma – und das wiederum verstehe ich einfach nicht: Wir haben es hier nicht mit armen, verzweifelten oder minderhirnigen Kleinkriminellen zu tun, nicht mit Supermarktdieben, Bankräubern, auch nicht mit Triebtätern oder zu jeder wie auch immer gearteten Gewalt bereiten Rohlingen und Totschlägern. Nein, nein und noch mal nein! Hier sind Profis am Werk –

kaltblütige Auftragskiller. Sie arbeiten für jeden, der sie ausreichend bezahlt – Großkonzerne, Syndikate, Regierungen. Und vor allem schützen sie sich selbst. Sie würden also keine Sekunde zögern, dich auszuschalten, wenn du ihnen in die Parade fährst.«

»Ich fahre doch niemandem in die Parade!«, widersprach Alma Pilic barsch. »Ich habe lediglich meine EU-bürgerliche Pflicht getan und einen sachdienlichen Hinweis in einem Mordfall geliefert. Vielleicht kann diese Frau Wallner der Polizei ja irgendwie weiterhelfen – oder sie steckt mit drin.«

»Alma, bitte, bitte, bitte!«, beschwor er sie. »Also noch mal zum Mitschreiben: Das hier, das geht uns nichts an, es handelt sich um einen Mord im Milieu, unter Freunden sozusagen. Peter hat sich furchtbar aufgeregt. Ich soll dich keine Sekunde aus den Augen lassen, am besten solle ich dich anbinden oder einsperren, hat er gesagt. Und wenn du nicht lockerlässt, wird er veranlassen, dass wir des Landes verwiesen und, wenn es sein muss, mit Gewalt nach Tübingen zurückverfrachtet werden.«

»Peter? Du meinst Peter Mehrfeldt? Woher weiß der denn das schon wieder?«

Niels Wolgrath fasste sich stöhnend an den Kopf und drehte sich stampfend im Kreis wie Rumpelstilzchen. In Erwartung einer Fortsetzung der spannenden Vorstellung blieben die Leute stehen. Ein paar Asiaten zückten schon lächelnd ihre Kameras, um so etwas für sie wohl ganz typisch Venezianisches in Pixel, Bits und Bytes zu verwandeln.

»Ach, wie gut, dass niemand weiß ... Schade, dass du keinen Hut dabei hast; wir könnten mit deiner Performance steinreich werden«, stichelte Alma.

Nun wurde sich Wolgrath der Situation bewusst, er streckte den Gaffern einfach die Zunge heraus, nahm Alma am Arm und zog sie zur Anlegestelle.

»Woher Peter Mehrfeldt das weiß? Das ist ja nun wirklich die blödeste Frage, die ich je aus deinem Mund gehört habe!« Er schnaufte empört. »Aber ich erkläre es dir gern, meine Liebe. Also: Eine gewisse Signorina Pilic hat gegenüber einem Commissario Lucio Lunetti auf der Questura der Polizia di Stato angegeben, die Tübingerin Beata Wallner mit dem Mordopfer gesehen zu haben. Daraufhin hat der venezianische Commissario den Tübinger Kommissar um Amtshilfe gebeten. Kannst du mir so weit folgen, Alma?«

»Ja, ja, ist ja schon gut, Mann!«, blaffte sie. »Ich habe eben gerade nicht daran gedacht.«

»Ja, Frau, du hast eben nicht daran gedacht. Das ist nämlich das ganze Problem. Wenn du nämlich überhaupt mal für fünf gute, alte Pfennige nachdenken würdest, dann würdest du dir sehr schnell darüber klar werden, dass dieser Fall hier alles andere als ein Kindergeburtstag und ein Ponyhof ist...«

»Denk *du* doch mal nach, Niels!«

Alma war stehen geblieben und schlug sich mit der Faust auf die flache Hand.

»Der Mann wurde aus nächster Nähe erschossen, mit sechs Schüssen in alle möglichen Körperzonen, hat Lunetti gesagt. Glaubst du ernsthaft, ein Profi würde so vorgehen? Aus der Nähe? Und dass er dann auch noch mehrere Anläufe braucht? Selbst wenn der Mann ein Berufskiller war – das war kein Auftragsmord, er wurde nicht von einem Kollegen umgebracht. Nein, hier ging es meiner Meinung nach um eine ganz andere Geschichte. Davon lasse ich mich nicht abbringen. Wenn einer so mit Kugeln durchlöchert wird, spricht das für einen abgrundtiefen und sehr persönlichen Hass.«

Niels Wolgrath sah seine Freundin eine Weile schweigend und aus ernsten Augen an. Er musste zugeben, wenn auch widerwillig, dass ihre Argumentation durchaus schlüssig war. Er atmete schwer aus, dann sagte er:

»Mag sein. Entweder sie schießen aus großer Nähe oder aber aus großer Distanz, ich nehme an, es gibt für jeden Anlass die passende Waffe und die passende Strategie«, höhnte er, wurde aber gleich wieder ernst. »Was die Anzahl der Schüsse angeht, könntest du recht haben. Dennoch – natürlich nur, wenn du nichts dagegen hast – würde ich Venedig gern noch ein paar Tage ohne Gefahr für Leib und Leben genießen und ohne mir das Hirn darüber zu verrenken, warum einer einen anderen umgebracht hat. Außerdem ist diese komische Frau ohnehin abgereist. Wir können hier nichts mehr tun, außer durch Venedig zu flanieren, der Kunst zu frönen, schön Kaffee zu trinken, gut zu essen oder...«

»Oder?«, fragte Alma.

Er nahm sie in den Arm.

»Wenn es uns, das heißt vor allem dir, hier in Venedig zu stressig wird, weil du dich vor lauter eingebildeten Mördern gar nicht richtig entspannen kannst, können wir durchaus auch auf die andere Seite fahren.«

»Auf welche andere Seite denn?«

Er deutete mit dem freien Arm vage nach Osten.

»Na, gleich dort drüben am Adriabogen hinter Triest fängt Kroatien an, mein geliebter Schatz. Dein Vater war doch aus Istrien, oder?«

»Ja, stimmt. Aber ich weiß nicht...«, sagte Alma stirnrunzelnd.

»Ich war noch nie in Jugoslawien, nicht mal als Kind. Und abgesehen von ein paar Kraftausdrücken, die meinem Vater hin und wieder herausgerutscht sind, kann ich auch kein Kroatisch. Kannst du dir das vorstellen? Schade eigentlich. Aber mein Vater wollte mit diesem Land irgendwie nichts mehr zu tun haben und reden wollte er auch nicht so richtig darüber. Wir sind früher immer zu den Verwandten meiner Mutter nach Süditalien gefahren. Das war schön, unten an der Costiera Amalfitana...«

»Also wirklich, Alma, Jugoslawien gibt es nicht mehr. Kroatien ist ein selbstständiger, unabhängiger Staat. Dort geht es nun bestimmt anders zu als früher. Was hatte dein Vater denn so vehement gegen sein Land oder gegen seine Landsleute gehabt? Du hast mir sowieso noch nie viel von ihm erzählt.«

»Meine Eltern sind tot, das weißt du ja, und damit ist zunächst auch das meiste gesagt…«

Sie blickte gedankenverloren in die Ferne.

»Ich glaube, seine Ablehnung gegen seine Heimat – oder besser gesagt gegen sein Herkunftsland, denn als Heimat hatte er es ja nicht betrachtet – hatte politische Gründe, irgendwelche Dinge von früher. Aber egal. Ich habe dafür jetzt echt keinen Kopf, Niels. Außerdem glaube ich, dass bei eventuellen Spekulationen über jugoslawische Geschichte und Geschichten nichts Schönes herauskommt. Und du wolltest doch etwas Tolles machen, oder?«

»Hm, hm, was könnten wir denn tun?«, fragte er mit Schalk im Blick.

Alma umarmte ihn. Nach einer Weile sagte sie:

»Lass uns erst mal ins Hotel zurückfahren, dann sehen wir weiter.«

»Bastardo!«, sagten, riefen, johlten, höhnten die anderen Jungen in der Schule. Allein stand Sergio in einer Ecke des Pausenhofes. Er wartete noch immer und wusste immer weniger worauf.

»Selber Bastard!«, gab der Siebenjährige voller Trotz, voller Wut und Trauer zurück. »Wo ist denn dein Vater, hä?«

»Der ist ein Held! Gefallen im Krieg!«

»Meiner auch!«, schrie Sergio und hob seine kleine Faust. »Und Krieg kannst du haben, komm doch, komm doch, wenn du dich traust!«

Der andere Junge lachte, er deutete auf Sergios Haar, blond, und auf seine Augen, blau.

»Tedesco!«, feixte er lachend.

Danach lachte dieser Junge nicht mehr. Auch kein anderer. Und auch Sergio lachte nie wieder. Schwarze Trauer, nackte Wut, roter Zorn, bitterer Hass fraßen sich in sein Herz und höhlten es Biss für Biss aus.

Und dann ging alles ganz schnell. Ein Hieb auf die Nase. Blut. So viel Blut.

Sergio stieß den überrumpelten Jungen auf den Boden und drückte mit dem Unterarm so hart gegen dessen Kehle, dass ihm die Luft wegblieb.

»Bastardo. Tedesco. Das sagst du nie wieder, hörst du? Nie wieder sagst du das zu mir!«, schrie er so laut, dass ihm der Speichel aus dem Mund sprühte und sich mit dem Blut des Jungen vermischte.

Er ließ ihn los und wartete auf das Ja.

Wer es nicht selbst gesehen und gehört hatte, hörte es von den anderen.

Und auch die Lehrer hörten es.

Die Rückkehr von Niels Wolgrath und Alma Pilic von Venedig nach Tübingen wurde am Wochenende standesgemäß bei Camillo im *da capo* gefeiert – im üblichen Kreis. Dieser bestand aus Manuel Soares de Azevedo e Pinto, Lusitanist an der altehrwürdigen Eberhard-Karls-Universität, dessen – und Almas – Freundin Siggi Hertneck, Psychologiestudentin im x-ten Semester, sowie Almas jüngerer Schwester Francesca, ihres Zeichens Modedesignerin, und deren Freund, dem Wirtschaftsstudenten Joachim Kull, den Wolgrath übrigens auch erst nach dem Tod seiner geliebten Conny kennengelernt hatte. Nachdem der junge Mann wie auch andere »Halbstarke«, wie er sie damals verächtlich genannt hatte, anfänglich von Wolgrath verdächtigt worden waren, hatte Kull ihm und Manuel dann tatkräftig geholfen, Licht in die mysteriösen Umstände von Connys Tod zu bringen, der letztendlich ein tragischer, fataler Unfall gewesen war.

»Du siehst großartig aus«, sagte Francesca zu Alma. »Ich habe dich lange nicht mehr so erholt erlebt.«

Alma zwinkerte ihr vielsagend zu und verleibte sich in Erinnerung an Venedig eine Gabel voll süßsauer eingelegter Sardinen, Sarde in saór, ein.

»Tja, die gute Lagunenluft, das gute Essen...«

Kurzzeitige und mögliche Verstrickungen mit der Mafia und mögliche daraus resultierende Gefahren für Leib und Leben wurden wohlweislich verschwiegen und waren im sicheren Hafen der kleinen Universitätsstadt ja auch schon fast vergessen.

Manuel Soares' samtene Glutaugen folgten Almas Blick zu einem schmunzelnden Wolgrath. Soares freute sich sehr, dass sein Freund nach Conny nun wieder eine Freundin hatte und es ihm sichtlich immer besser ging. Seit zweieinhalb Jahren waren er und Niels Wolgrath nun ein unzertrennliches Gespann, wenn auch ein völlig ungleiches Paar – der kühne, laute Wikinger und der kleiner geratene, besonnenere Latino, das heißt, wenn er nicht gerade seinem hitzigen Temperament nachgab ...

Manuel musste sich eingestehen und zugeben, dass Niels ihm wirklich gefehlt hatte, während und obwohl er mit seiner Freundin Siggi den Sommer in Portugal verbracht hatte. Und kaum war er zurückgekommen, war Wolgrath zu einem Kurztrip nach Venedig aufgebrochen. Ja, er hatte ihm wirklich gefehlt.

Dachte es und sagte es: »Du hast mir gefehlt.«

Siggi Hertneck starrte erst ihren Freund, dann Niels Wolgrath an, zu dem sie ohnehin ein gespanntes Verhältnis hatte, weil sie fand, dass er ihren Manuel zu sehr beanspruchte. Außerdem hatte sie das Gefühl, dass er sie nicht sonderlich ernst nahm. Und dass er ihren Freund damit ansteckte. Was sich ihrer Ansicht nach jetzt auch wieder bestätigte.

»Das ist ja wohl die Höhe!«

Die burschikose junge Frau mit den hennarot gefärbten kurzen Haaren pfefferte ihre Serviette in die gratinierten Jakobsmuscheln, schnappte ihre Strickjacke und rauschte hinaus.

»Finde ich auch«, sagte Alma entsetzt zu Manuel. »Wie kann man nur so unsensibel sein? Trampel!«

Manuel Soares war zwar auch bass erstaunt und fast gar erschrocken, doch er sagte nur: »›Oh, Wahrheit, vergiss mich!‹«

»Ja, ja, die Wahrheit ist wahrlich nicht immer gut«, wusste Niels Wolgrath.

»Also wenn ich einem Freund oder einer Freundin nicht sagen kann, was ich denke oder fühle, dann habe ich dort keine Heimat. Tut mir leid, aber so ist es nun mal.«

Doch der Appetit auf seine Parmesansuppe war Soares erst einmal gehörig vergangen.

»Bin ich der einzige Schuft auf dieser Erde?« Er schnaufte. »Und so eine will mal Psychologin werden!«

Manuel Soares stand auf und verließ auf der Suche nach Siggi das Lokal.

Alma Pilic sah Niels Wolgrath mit gerunzelter Stirn und zusammengepressten Lippen an.

Schweigend hielt er ihrem forschenden Blick stand. Er wusste, was sie gleich fragen würde, und dachte bei sich: Die Wahrheit ist so ewig wie das Elend.

»Hat Manuel dir auch gefehlt, während er in Portugal war oder während wir in Venedig waren?«

Wolgrath erwiderte ihren tiefen, ernsten Blick.

»Ja«, antwortete er dann leise, aber mit fester Stimme.

Er sah, dass Alma, die normalerweise hart im Nehmen war und einiges aushalten und ab konnte, den Tränen nahe war, und fuhr fort:

»Manuel ist mein Freund, mein Bruder. Ohne ihn wäre ich wahrscheinlich nicht mehr am Leben, das weißt du, und ich will und kann nicht ohne ihn sein. Und ohne dich auch nicht, Alma. Du bist meine Freundin, meine Geliebte und ... du bist meine Frau. Ich liebe dich.«

Tränen glitzerten plötzlich in Almas großen Augen. Das hatte er noch nie zu ihr gesagt. Liebe! So ein großes Wort, so große Gefühle – das war fast beängstigend. Ein Haus, aus einem einzigen Wort gebaut und befestigt.

Niels Wolgrath spürte ihre Unsicherheit.

»Hältst du das aus?«

Er setzte sich neben sie auf Siggis nun leeren Platz und nahm Alma in den Arm.

Sie vergrub ihren Kopf in seiner Achsel und weinte, sie konnte sich nicht mehr beruhigen, ihr ganzer Körper war nass von Tränen und dem heißen Schweiß der aufgeregten Seele.

Während Wolgrath sie hielt und an sich drückte, sah er, dass Achim und Francesca sich auch dicht aneinandergedrückt hatten. Die zierliche Francesca mit den schwarzen Haaren und den immerschwarzen Kleidern, den grünen

Augen und der blassen Haut sah sowieso immer etwas verhuscht aus. Und Joachim Kull, auch er Schwarz in Schwarz und sonst ein ganz aufgeräumter, cooler junger Mann, hielt bedröppelt ihre Hand.

»Ich glaube, wir gehen dann besser mal«, sagte Kull, dem das alles zu viel wurde.

»Wieso denn? Ich denke, wir sind Freunde, und du, Francesca, bist Almas Schwester. Also?«

»Ach, weißt du ...« Francesca zuckte mit den Achseln. »Bei euch ist immer alles so schrecklich kompliziert, bei dir und Alma und auch bei Manuel und Siggi«, sagte sie.

»Aha. Und das ist bei Achim und dir nicht so?«, wollte Niels Wolgrath wissen.

»Nein«, sagte sie und drückte Achims Hand. »Wir lieben uns, aber wir müssen daraus keine Staatsaffäre machen.«

Wolgrath sah in Francescas ehrliche, grüne Augen und musste unvermittelt lachen. Für die beiden ist Liebe so selbstverständlich wie Kindheit, dachte er, sagte aber nur:

»Na, dann ist ja alles gut. Liebe ist nun mal eine hermetische Philosophie.«

Er hob Almas Kinn an.

»Komm schon, jetzt sei mal wieder die große, starke Schwester, Alma. Sonst machen uns die Kleinen hier noch was vor!«

Auch Alma musste lachen. Sie wischte ihre Tränen ab und ging auf die Toilette, gefolgt von ihrer Schwester.

Wolgrath sah Kull ernst an.

»Klingt gut, was Francesca über eure Liebe gesagt hat.«

»Wir sind eben jung und unkompliziert!«, lachte Kull.

Seufzend bestellte Niels sechs Grappe.

»Darauf trinken wir: auf die unkomplizierten Jungen und die verschrobenen Alten – wenn die Damen wieder da sind und wenn Manuel und Siggi dann gnädigerweise vielleicht auch mal wiederkommen...«

Doch Manuel Soares kam allein.

»Chatice da merda! Der Wagen ist nicht mehr da. Siggi ist weggefahren.«

»Und was willst du jetzt machen?«

»Keine Ahnung. Warten.«

Und so warteten sie über einem großen Wolfsbarsch in Salzkruste, einem vorzüglichen Soave aus dem Veneto und bei angeregten Gesprächen über Liebe, Freundschaft, Wirklichkeit, Wahrheit und Wahrhaftigkeit.

»›Was ward aus jener unserer Wahrheit – dem Traum am Fenster der Kindheit? / Was war aus unserer Gewissheit…‹«, hob Soares an, seinen Lieblingsdichter und Forschungsgegenstand Fernando Pessoa zu zitieren, doch da ging die Tür auf und zwei Polizisten betraten das Lokal.

»Wem gehört der weiße Opel mit dem Kennzeichen RT-CX 345?«, fragte der ältere Beamte der beiden. »Die Fahrerin sagt, der Halter befinde sich hier im Lokal.«

»Das ist mein Wagen. Ich bin Manuel Soares.«

Er stand irritiert auf.

»Was ist denn passiert?«

»Die Fahrerin hat am Lustnauer Tor eine rote Ampel überfahren und einen Unfall verursacht. Sie hat gesagt, der Wagenhalter sei ihr Freund oder Ex-Freund. Sie ist total verstört, steht wohl unter Schock. Kommen Sie bitte mit!«, sagte der Jüngere der beiden, dessen Gesicht mit unappetitlichen roten Pusteln überzogen war.

Alma, Francesca, Niels und Achim sprangen sofort auf und folgten ihnen auf dem Fuße.

»Was wollen denn Sie alle?«, fragte der ältere Polizist, der eher einer Runkelrübe glich.

»Sie ist meine beste Freundin«, schluchzte Alma.

»Wir gehören alle dazu«, sagte Wolgrath mit einer Stimme, die keinen Widerspruch duldete.

»Aber…«

»Wenn Sie Fragen haben, wenden Sie sich an Ihren

Kollegen, Kriminalhauptkommissar Mehrfeldt. Er weiß Bescheid«, fügte Wolgrath scharf hinzu.

Die Ordnungshüter sahen einander verunsichert an und sagten nichts mehr.

»Ist es denn ein schlimmer Unfall?«, fragte Manuel Soares das Pickelgesicht.

»Ihrer Freundin ist weiter nichts passiert, sie hatte wirklich großes Glück, aber der Fahrer des anderen Wagens wurde verletzt. Hier links bitte.«

Sie kamen zu der Unfallstelle am Lustnauer Tor. Überall am »Schimpfeck«, wie die große Kreuzung wegen des dort befindlichen Geschäftshauses genannt wurde, flimmerte Blaulicht. Manuel sah Siggi etwas abseits stehen und lief gleich zu ihr, die anderen rannten hinterher. Alma bildete die Nachhut. Sie war von Wolgraths Liebeserklärung und ihrem Tränenausbruch, dicht gefolgt vom Unfall ihrer besten Freundin noch ein klein wenig durcheinander. Als die Trage mit dem Verletzten vorbeigeschoben wurde, blieb sie stehen – und zwar wie vom Blitz getroffen.

»Niels! Niels! Niels! Komm her! Schnell! Komm!«, schrie sie fast hysterisch.

Wolgrath wunderte sich. Das war so gar nicht Almas Art, normalerweise hatte sie Nerven wie Drahtseile. Er kam angelaufen, während er ihr zurief:

»Aber Siggi ist doch dort drüben!«

Alma packte seine Hand.

»Das ist Neuhäuser.«

»Neuhäuser?«

»Bruno Neuhäuser – der mit der Wallner in *Harry's Bar* war«, sagte sie nervös gestikulierend.

»Der Verletzte hier?«

»Ja.«

»Alma...«

»Ich sehe keine Gespenster, verdammt!«

»Entschuldigen Sie«, sagte er zu dem jungen, pickeligen

Polizisten und wollte an ihm vorbeigehen. »Der Mann im Rettungswagen – wir kennen ihn.«

Doch der Beamte hielt ihn auf. »Sind Sie ein Verwandter? Gehören Sie etwa nicht nur zur Unfallverursacherin, sondern auch noch zum Verunfallten?« Es klang wie »umdefallt«.

»Ja.«

»Aha. Na, wenn das so ist ... Zur Sicherheit nehmen wir jetzt mal Ihre Personalien auf.«

Niels Wolgrath sah den Polizisten kalt an. Wäre er durch den Kurzurlaub nicht einigermaßen erholt gewesen, hätte er diesen überheblichen Uniformierten ganz sicher an seinem schiefen Krawattenknoten gepackt. Doch er sagte für seine Verhältnisse erstaunlich ruhig:

»Jetzt hören Sie mal zu, Sie Grünschnabel: Erstens haben Sie in korrekter Uniform dazustehen, wenn Sie im Dienst mit einem Steuern zahlenden und Rechte habenden Staatsbürger sprechen – also, Uniformjacke zuknöpfen, Krawatte zurechtrücken und Mütze aufsetzen. Und zwar ein bisschen plötzlich, wenn ich bitten darf! Zweitens zeigen Sie mir Ihren Dienstausweis, damit ich mir Ihren Namen notieren kann, und drittens rufen Sie jetzt Hauptkommissar Peter Mehrfeldt an oder ich ...«

»Oder was? Sie haben mir gar nichts vorzuschreiben! Was glauben Sie eigentlich, wer Sie sind?«

»... oder ich tu's. Dann aber kann ich für Ihre berufliche Zukunft nicht mehr garantieren.«

Der junge Polizist schluckte, ging aber gleich zum Wagen und telefonierte, während er Wolgrath argwöhnisch von der Seite anschielte.

»Kriminalhauptkommissar Mehrfeldt hat schon Feierabend«, informierte er Wolgrath, als er schließlich mit Dienstmütze, zugeknöpfter Jacke und zurechtgerückter Krawatte, dafür aber mit frisch aufgekratzten, eitrig leuchtenden Pickeln zurückkam.

»Und jetzt Ihre Personalien, wenn ich bitten darf!«

Niels Wolgrath reichte ihm kommentarlos seinen Personalausweis und rief von seinem Handy aus Mehrfeldt zu Hause in Rottenburg an. Er hatte den Kommissar beim Fall Melanie Weitenbacher kennengelernt. Zwischen dem geduldigen Mehrfeldt und dem aufbrausenden Wolgrath war die Kommunikation anfänglich reichlich missglückt. Wolgrath hatte seine Mieterin Melanie Weitenbacher zunächst als vermisst gemeldet und war bei Mehrfeldts Ermittlungen in diesem Vermisstenfall sogar unter Entführungs-, Mord- und sonstigen Verdacht geraten, wogegen er sich selbstverständlich entsprechend gewehrt hatte. Nach Lösung des Falls hatte sich aber dann zwischen dem Duo Wolgrath-Soares und Peter Mehrfeldt eine Freundschaft entwickelt.

»Peter, kannst du schnell nach Tübingen kommen? Wir sind am Schimpfeck. Siggi hat einen Unfall gebaut und außerdem…«

Zwanzig Minuten später kam der Kommissar in seinem alten VW Passat angerauscht. Die verbeulten Autos waren abgeschleppt, der Unfall war aufgenommen, der Verletzte längst abtransportiert und ins Krankenhaus gebracht worden und die vor sich hin starrende, zitternde Siggi Hertneck war sicher in Manuel Soares' Jackett und in dessen Umarmung verwahrt. Währenddessen hatten Alma Pilic und Niels Wolgrath den vier anderen – der Kommissar war ja bereits von Alma aus Venedig informiert worden – in einer Kurzversion die Ereignisse während ihres Urlaubs geschildert, einer Version, die das Wort Mafia allerdings nicht beinhaltete.

Siggi hörte irgendwie unbeteiligt zu, aber Manuel Soares' Augen funkelten gefährlich hinter seiner Goldrandbrille, Francesca standen schreckensstarr Mund und Augen offen, Kull schüttelte ungläubig den Kopf.

Um drohenden Nachfragen erst einmal auszuweichen, drückte Alma sich an Niels und sagte schnell:

»Ach, da fällt mir ein – hast du Peter mal gefragt, was er über Beata Wallner herausgefunden hat?«

»Nein, ich habe ihn ja noch nicht getroffen.«

Peter Mehrfeldt eilte gleich zu Siggi.

»Schlimm?«

Sie schüttelte tapfer den Kopf.

»Bei mir nicht, aber ich hoffe, der Mann hat nicht so viel abgekriegt, wie es den Eindruck gemacht hat. Der Unfall scheint jedoch das kleinere Problem zu sein. Es gab irgendeinen Mord.«

Sie deutete mit dem Kinn auf Alma.

Mehrfeldt fuhr herum und starrte Alma an, als sei sie gerade eben vom Himmel gefallen.

»Einen Mord? Hier? Jetzt?«

»Nein, es geht um diese Geschichte in Venedig. Ich habe dir doch das Bild des Erschossenen gefaxt. Dann habe ich herausgefunden, wer diese Frau ist. Beata Wallner. Lunetti hat dich deswegen angerufen. Hat er jedenfalls gesagt.«

»Ja. Und? Was hat das mit diesem Unfall hier zu tun?«, fragte Mehrfeldt verwirrt.

Alma verdrehte ungeduldig die Augen, weil sie fand, dass Peter für einen Kriminalhauptkommissar manchmal ziemlich begriffsstutzig sein konnte.

»Der Verletzte ist Bruno Neuhäuser, ich kenne ihn von früher, hab mal ein Praktikum bei ihm in Stuttgart gemacht. Er war in Venedig mit Beata Wallner in *Harry's Bar*. Vielleicht weiß er etwas oder hat sogar etwas mit der Sache zu tun. Vielleicht steckt er ja auch mit drin. Aber eure Leute in Uniform sind offensichtlich nicht gerade pflichtversessen, wenn es darum geht, wichtigen Hinweisen nachzugehen«, sagte sie ein bisschen pikiert.

Mehrfeldt sah sie entgeistert an.

»Wen du immer alles so kennst... ›Vielleicht steckt er ja

auch mit drin‹! Alma, ich kann über niemanden Erkundigungen einziehen, ihn vorladen oder verhören, nur weil er in irgendeiner Bar war oder mit irgendjemandem zu Abend gegessen hat – gegen den, nebenbei bemerkt, zunächst genauso wenig vorliegt. Wie stellst du dir das eigentlich vor?«

»Immerhin habt ihr mit meiner Hilfe herausgefunden, dass der Tote ein gesuchter Auftragskiller war!«, sagte sie trotzig.

»Alma, bitte!« Peter Mehrfeldt hob beschwörend und beschwichtigend die Hände. »Ohne deine Hilfe hätte es unter Umständen länger gedauert, ja, kann sein, aber...«

»Müsst ihr denn nicht jeder Spur, jedem Hinweis nachgehen? Und das hier ist immerhin besser als gar nichts. Commissario Lunetti hat dich doch um Amtshilfe gebeten, oder? Hast du noch Kontakt mit ihm? Ist bei seiner Mafia-Ermittlung mittlerweile denn etwas Bahnbrechendes herausgekommen? Oder habe ich recht? Na, was ist?«, fragte sie herausfordernd.

Während Francescas Augen bei der Erwähnung von Mafia und irgendwelchen Auftragskillern noch größer wurden und Manuel Soares so aussah, als hätte er einen Luftballon verschluckt, der gleich platzen würde, meldete sich Niels laut zu Wort, bevor Peter Mehrfeldt noch etwas entgegnen konnte.

»Hört mal, wir sind mitten im Essen aufgebrochen. Ich bin dafür, wir gehen jetzt zu Camillo zurück und besprechen alles bei einer Flasche Wein. Oder zwei. Und unserer armen Siggi spendiere ich einen dreifachen Grappa. Gegen den Schock.«

»Ich komme gleich nach«, sagte der Kommissar. »Ich muss erst noch telefonieren.«

Der Verletzte heißt tatsächlich Bruno Neuhäuser. Der Mann ist Kunstsachverständiger, er wohnt und arbeitet in Stuttgart. Das wisst ihr ja bereits. Er ist verheiratet und hat zwei erwachsene Kinder. Was ihr vielleicht noch nicht wisst: Er ist ein unbeschriebenes Blatt, ein unbescholtener Bürger«, schloss Peter Mehrfeldt mit einem warnenden Blick an Alma Pilic' Adresse.

Nachdem der Kommissar mit seinen Kollegen von der Bereitschaft telefoniert hatte, hatte er sich zur Freundesrunde im *da capo* gesellt. Flaschen, Wein- und Grappagläser häuften sich auf dem Tisch, auch Manuel Soares, der sonst immer nur sehr gemäßigt Alkohol trank, sprach dem Schnaps ziemlich zu.

»Ist der Mann schwer verletzt?«, fragte Siggi, die sich langsam von ihrem Schock erholte, kleinlaut.

»Ein paar angeknackste Rippen, Schleudertrauma, Prellungen. Nichts Lebensgefährliches, aber dafür eine langwierige Rekonvaleszenz.«

Peter Mehrfeldt trank einen Schluck Wein.

»Wieso ist dieser Unfall denn überhaupt passiert? Ich denke, ihr wart alle zusammen hier im Lokal beim Essen.«

Siggi warf Manuel einen verzweifelten Blick zu.

»Ich... ich habe eine blöde Bemerkung gemacht«, gab dieser zu und legte den Arm um seine Freundin, dabei sah er seinen Freund mit einem Blick an, der so viel sagte wie: Er, Freund Wolgrath, sei an allem schuld.

Niels Wolgrath hielt Soares' vorwurfsvollem Blick stand.

»Ach, das kann doch jedem mal passieren«, sagte er leichthin. »Ich kenne das zur Genüge.«

»Das kann ich mir vorstellen!«

Peter Mehrfeldt lachte, er wusste, dass unpassende Bemerkungen normalerweise Wolgraths Part waren. Auch er war schon in diesen zweifelhaften Genuss gekommen, als er ein Jahr zuvor im Fall der erschlagenen Melanie Weitenbacher eine Schriftprobe von Wolgrath hatte verlangen müssen. Er sah den großen Blonden noch heute im Bademantel in der Tür seines Hauses auf dem Österberg stehen und hörte ihn noch immer ungehalten brüllen:

»Werden Sie nicht unverschämt, Sie Wichser! Was glauben Sie eigentlich, wen Sie hier vor sich haben?« ...

Alma brach in Mehrfeldts Erinnerungen ein:

»Also, jetzt noch mal zu meiner Frage wegen Lunetti und wegen dieser angeblich mafiösen Strukturen.«

Mehrfeldt sah sie an und seufzte.

»Ich hatte mit Lunetti nichts mehr weiter zu tun. Meinst du etwa, mir ist es hier so langweilig, dass ich mich auch noch um Mordfälle in Italien und sonst wo kümmern wollte? Aber ich vermute, der venezianische Kollege macht seinen Job auch ohne mich ganz gut und führt die üblichen Ermittlungen und Befragungen im Bereich des organisierten Verbrechens durch.«

»Na ja«, schnaubte Alma, »Venedig ist ja nun nicht gerade der Dreh- und Angelpunkt der Syndikate und Familien. Und das weißt du sicherlich auch.«

»Das spielt doch keine Rolle, Alma. Der konkrete Ort ist dabei eher unerheblich«, sagte der Kommissar. »Es spricht nicht das Geringste dagegen oder, anders gesagt, das Allermeiste spricht tatsächlich dafür, dass der Mann von seinesgleichen ausgeschaltet wurde – und das sicherlich aus Gründen, die du gar nicht erst erfahren willst!«, fügte er scharf hinzu.

In Almas Schweigen hinein fragte Francesca, die noch immer leichenblass war, ihre große Schwester bestürzt:

»Wovon redet ihr hier eigentlich? Mafia. Auftragsmord. Was hast du denn damit zu tun?«

»Ich habe lediglich ...«

»Dein Schwesterherz hat lediglich einen toten Auftragskiller erkannt, weil ...«, hob Wolgrath an, doch Peter Mehrfeldt hob die Hand und gebot ihm Einhalt.

»Einen zunächst einmal mutmaßlichen Killer. Oder soll

ich sagen: einen Mann, der nie überführt und somit auch nicht verurteilt wurde?«, stellte er richtig. »So viel Zeit muss sein.«

»… einen mutmaßlichen Auftragskiller erkannt«, berichtigte Wolgrath sich, sah den Kommissar dabei aber nicht an und fuhr fort, »weil der Gute deine Schwester an der Bar im Hotel angemacht hatte. Das Übliche eben, aber charmant.«

Alma machte den Mund auf und wollte schon protestieren, aber Wolgrath hob die Hand und erzählte, unterstützt und ergänzt von Mehrfeldt, die ganze Geschichte, soweit sie bekannt war, während vier Augenpaare die ganze Zeit abwechselnd Alma, Niels und Peter anstarrten und die zwei Paare bestürzt schwiegen.

Dann schlug Soares mit der flachen Hand urplötzlich so hart auf den Tisch und schrie Wolgrath so laut an, dass sich die Gäste des ganzen Lokals verwundert nach ihm umdrehten.

»Davon erzählst du mir nichts? Du begibst dich in Lebensgefahr und sagst mir nichts? Du bist echt ein toller Freund. Porra! Das ist Verrat! Verrat ist das! Du bist ein Verräter. Und ich habe deinetwegen indirekt einen Unfall verursacht!«

Der Kommissar legte dem erhitzten Soares besänftigend die Hand auf die Schulter.

»Unsinn, Manuel, beruhig dich doch wieder. An dem Unfall bist du nicht schuld, es gibt keine indirekte Schuld, jedenfalls nicht im juristischen Sinn.«

»Aber moralisch. Und Niels war eindeutig unmoralisch – und ich habe in einem umgekehrten…«

»Und was diese ganze Venedig-Sache angeht, habe ich vielleicht ein wenig übertrieben«, fuhr Mehrfeldt schnell fort, um eine drohende professorale Tirade über Schuldumkehrung und moralische Verantwortung zu verhindern, »weil ich wollte, dass die beiden erst gar nicht in Gefahr kommen. Jetzt sind sie ja wieder hier und nichts ist passiert.«

Doch Manuel Soares hörte gar nicht hin. Er sah seinen Freund – Exfreund? – Wolgrath angewidert an wie eine Kakerlake in einem Dreisternerestaurant.

»Komm!«

Er zog Siggi am Arm hoch und stürmte mit ihr ohne jedes weitere Wort aus dem Restaurant. Und wenn Manuel Soares mal nichts mehr sagte, dann war er wirklich und wahrhaftig tief getroffen.

»Scheiße!«, entfuhr es Wolgrath, der einen hochroten Kopf bekommen hatte.

»Ach, lass doch, Niels. Der beruhigt sich schon wieder. Du kennst ihn doch besser als jeder andere. Ist ja nicht das erste Mal, dass er wegen irgendwas in die Luft geht«, sagte Alma.

»Aber wo wir jetzt unter uns sind«, sagte sie an den Kommissar gewandt, »was hast du eigentlich über Beata Wallner herausgefunden, die Frau aus unserem Hotel? Hast du sie befragt?«

Mehrfeldt schaute sie fragend an.

»Beata Wallner? Ach, du meinst diese Frau, die ihr in Venedig getroffen habt und die angeblich den Herrn aus dem Kanal kannte. Ja. Ich habe mit ihr gesprochen, ja, aber da gibt es nichts zu wissen oder herauszufinden. Nichts, was du nicht auch schon selbst in Erfahrung gebracht hättest«, sagte der Kommissar. »Sie ist Anwältin, geschieden, kinderlos, wohnhaft in Tübingen. Hat ein paar Tage Kulturlaub in Venedig gemacht und sich mit besagtem Herrn, also dem Ermordeten, an der Hotelbar unterhalten. Sie kannte ihn zuvor nicht, sagt sie, fand ihn aber sehr höflich, sehr nett, attraktiv und unterhaltsam. Auch Frau Wallner ist übrigens ein unbeschriebenes Blatt, eine unbescholtene Bürgerin. Wie Neuhäuser ist auch sie noch nie in irgendeiner Form auffällig und aktenkundig geworden. Neuhäuser...«

Er verstummte und schlug sich an die Stirn.

»Verdammt – Neuhäuser ist der Mädchenname der Wallner!«

»Vielleicht sind die beiden verwandt«, sagte Kull. »Dann wären Almas Vermutungen gar nicht so sehr aus der Luft gegriffen.«

»Kann Zufall sein«, meinte Francesca.

»Ich glaube nicht an Zufälle«, brummte Wolgrath, er kaute auf seiner Unterlippe herum.

Mehrfeldt zuckte nur mit den Schultern.

»Wie auch immer. Wenn die beiden miteinander verwandt sind, Geschwister womöglich, warum sollten sie dann nicht zusammen in Venedig gewesen sein?«

»Sie waren nicht *zusammen* in Venedig«, widersprach Alma. »Die Wallner hat allein im Hotel gewohnt, das weiß ich mit Sicherheit, denn der Barmann hat gesagt, sie sei immer allein dort.«

»Er hatte wohl ein eigenes Zimmer«, mutmaßte Achim Kull. »Außerdem haben sie nicht denselben Namen. Woher sollte der Barkeeper denn wissen, dass die beiden irgendwie zusammengehören? Vielleicht hat er aber auch in einem anderen Hotel gewohnt, gibt ja so einige in bella Venezia.«

»Das ergibt doch keinen Sinn«, meinte Alma. »Das Hotel war nicht ausgebucht und gesehen habe ich Neuhäuser dort auch nie. Immer nur diese Frau allein beziehungsweise mit dem Erschossenen an der Bar, der aber wohl auch kein Hotelgast war.«

Mehrfeldt seufzte.

»Es ist spät. Bevor wir uns zu Tode spekulieren, gehe ich jetzt lieber nach Hause, damit ich morgen früh aus den Federn komme und zusehe, was ich noch herausfinden kann – und vor allem, wie ich unauffällig an Informationen aus Venedig komme, ohne dass ich von meinem Chef eins auf den Deckel kriege.«

Lunetti saß in einem hell erleuchteten, ansonsten aber ungastlichen, unfreundlichen und fensterlosen Verhörraum einem Mann gegenüber, den man bei der Questura schon sehr lange kannte und der, alles zusammen genommen, schon viele Stunden auf einem dieser Stühle verbracht hatte.
Benvenuto Larosa.
Nach dem Aufstieg der Mala del Brenta in den Achtzigerjahren hatten die Malavitosi den gebürtigen Paduaner schon im zarten Jugendalter als Kurier eingesetzt. Kinder sind unauffällig, sie können alles Mögliche schmuggeln, können Kontakte aufnehmen, Nachrichten überbringen, ohne dass auch nur der geringste Verdacht auf die lieben Kleinen fällt, schon gar nicht in Italien.
Beim großen Prozess in Mestre 1994 war Larosa erst seit ein paar Jahren volljährig. Er hatte nie jemanden bedroht, erpresst, verletzt oder gar umgebracht, jedenfalls nicht nachweislich. Nachweisen konnte man ihm auch nicht, dass er so genau gewusst hätte, was er als Junge immer in den Taschen gehabt hatte. Und nachdem er später in den Rängen ein wenig aufgestiegen war, hatte man ihm nacheinander ein paar Nachtclubs, Wettbüros, Bars und andere mehr oder weniger zweifelhafte Etablissements in der Region zur Geschäftsführung übergeben.
Natürlich waren diese Lokalitäten Umschlagplätze für alles Mögliche und Unmögliche und sie waren vor allem Geldwaschanlagen, aber das musste, ja konnte der arme, kleine Angestellte, und so jung noch obendrein, doch gar nicht so genau oder überhaupt wissen. Kurz, er kam glimpflich davon, nicht zuletzt weil er »ein so guter Junge war und sich immer rührend um seine alten Eltern gekümmert hat«. So stand es tatsächlich in den Akten, wie Lunetti schmunzelnd feststellen musste. Außerdem hatte man damals ja ein paar hundert andere Männer abzuurteilen, ganz andere Kaliber, die wegen wesentlich schwerer wiegenden Straftaten angeklagt waren.

Gelernt hatte Benvenuto Larosa aus seiner milden Behandlung nicht viel. Er schloss sich – wie könnte es auch anders sein? – der Nuova Mala an, für die er bereitwillig ähnliche Tätigkeiten übernahm. Als dann auch die neue Bande aufflog, bekam er eine Haftstrafe, die bei dem »guten Jungen« nach einiger Zeit zur Bewährung ausgesetzt wurde.

Auch daraus hatte er nichts gelernt – und so musste man endlich auch zugeben, dass er wahrlich kein besonders helles Licht war. Immer wieder wurde er strafauffällig und auch tatsächlich straffällig, wobei es grundsätzlich um kleinere Delikte ging und man ihm keine neuerliche Mitgliedschaft in einer organisierten Gruppe nachweisen konnte. Dennoch war Larosas Nähe zu einschlägigen Kreisen ein offenes Geheimnis und genau deshalb saß er nun hier auf diesem Stuhl im Verhörraum der Questura.

Für Lunetti war Larosas Einvernahme eine Ultima Ratio, nachdem die Befragung anderer, höherrangiger und weitaus tiefer in den Sümpfen steckender Leute keine wie auch immer gearteten und schon gar keine neuen Hinweise erbracht hatte. Und das machte den Commissario Capo unendlich müde. Bekanntermaßen hielten alle dicht. Und man kam nur an sie heran, wenn einer mit ein wenig Nachhilfe einknickte und plauderte. Gesungen wurde aber erst, wenn das Leben der entsprechenden Leute akut bedroht war, und auch dann nur über einen größeren Deal.

Bei den niedrigeren Chargen kam man mit einem kleineren Deal schon weiter, man hatte ja auch mehr anzubieten oder weniger zu verlieren. Bei Kleinkriminalität konnte das bis hin zu einer Haftverschonung zugunsten der Aufdeckung eines Kapitalverbrechens gehen. Mord war ein Kapitalverbrechen, im Vergleich dazu war Larosas aktuelles Vergehen, dessentwegen er in U-Haft einsaß, ein Hennenschiss. Er hatte sich – mutmaßlich, denn vor der Verhandlung und vor dem Urteil war er ja noch nicht rechtskräftig schuldig gesprochen – im Hafen unter die umfängliche Reinigungsmannschaft eines dieser riesigen Kreuzfahrtschiffe gemischt, sich dann abgesetzt und ein paar Dutzend Kabinen geknackt. Die Beute war nicht unbeachtlich, aber man musste das Diebesgut schließlich auch zu Geld machen, und dabei, nun ja ... Wie es eben oft so läuft.

Also, immer auf die Kleinen!

»Ich kenne diesen Burschen nicht. Nie gesehen. Wer soll das sein?«, sagte Benvenuto Larosa mit fragender Miene, nachdem Commissario Lunetti ihm wortlos die Bilder vom Fundort und aus der Pathologie gezeigt hatte.

Der Kommissar seufzte.

»Das will ich von dir wissen, Ben.«

»Ehrlich, Mann, keine Ahnung. Sieh mich an! Außerdem war ich's nicht.« Er beugte sich vor. »Du weißt ja, wo ich in den letzten Wochen war, Commissario.«

Ja, das wusste der Kommissar. Er wusste auch, dass die Gefängnisse von den Syndikaten beherrscht werden, obwohl – oder gerade weil – der Staat sich wie überall in Europa mit allen möglichen Programmen und Aktivitäten abmüht, die bemerkenswerte kriminelle Energie der Straftäter in positive, konstruktive Kanäle umzuleiten. Es war schon immer so gewesen, dass die ehrenwerten Herrschaften sehr kreativ die Lücken schlossen, die das System aus welchen Gründen auch immer ließ ...

»Wer sagt dir denn, dass der Mord erst heute passiert ist?«, fragte Lucio Lunetti unbeteiligt, weil er sich seine finsteren Gedanken nicht anmerken lassen wollte. »Oder nicht schon vor zwei, drei Jahren? Vor vier, fünf?«

Benvenuto wirkte kurz aufrichtig bestürzt, dann aber grinste er fröhlich übers ganze Gesicht wie ein kleiner Junge, der seinen Vater bei einem kleinen Trick ertappt hatte. Die beiden Männer waren ungefähr im selben Alter, aber zwischen ihnen lagen Welten, nicht nur die Welt des Gesetzes.

»Ja, ja, schon gut!«, sagte Larosa lachend. »Auch im Knast gibt es Nachrichten und Zeitungen, weißt du?«
»Tatsächlich? Und die liest du?«
Larosa schnaufte.
»No.«
»Also?«
»Na ja, einer weiß immer was.«
»Siehst du? Genau das meine ich und ganz genau das will ich von dir wissen.«
Benvenuto sah den Kommissar mit großen, runden Augen an, er war sichtlich schwer von Begriff.
»Was? Was willst du wissen?«
»Wer weiß etwas? Und was weiß dieser Jemand?«, sagte Lunetti ganz langsam und betonte dabei jedes Wort. »Was hast du gehört und von wem hast du es gehört, Ben?«
»He, komm, lass das! Du weißt, dass ich keinen hinhänge. Hab ich noch nie getan, gar nie.«
»Ich weiß, ich weiß, Ben. Aber du weißt auch, worum es hier und jetzt für dich geht. Ein vernünftiges Wort von dir und du bist draußen, wenn wir den Kerl schnappen. Wie schade, dass keine Belohnung auf den Kopf des Mörders ausgesetzt ist, sonst könntest du auch noch groß abkassieren.«
Der Kommissar hatte die Befragung so ruhig wie möglich angehen lassen, er hatte Kaffee und Wasser bringen lassen, denn Trinken, Heißes und Kaltes, entlastet und entspannt nicht nur den Körper, es lenkt auch von psychischem Unbehagen und Nervosität ab, zumindest eine Weile.
Doch Benvenuto Larosas innere Kämpfe spiegelten sich in seiner verzerrten Miene wider.
»Commissario, ich …«, erschöpft schlug er sich die Hände vors Gesicht, »… ich kann dir nichts sagen, echt.«
»Kannst du oder willst du nicht?«
Larosa sah dem Kommissar offen und ehrlich in die Augen.

»Ich will nicht sterben.«
»Und das würdest du, wenn du mit mir sprichst?«
»Also echt! Du weißt doch selbst am besten, wie es läuft! Wer singt, ist tot! Das ist Gesetz. Überall auf dieser Welt.«
Larosa gestikulierte wild.
»Wenn dieser Typ da«, er deutete mit einem verächtlichen Nicken auf die Fotos, »ins Gras gebissen hat – wer sagt mir denn, dass ich dann nicht der Nächste bin?«
»Wir können dich schützen.«
Der Kommissar musste das sagen – und er tat es im Brustton der Überzeugung, auch wenn er wusste, dass dies eine maßlose Überschätzung und Übertreibung war.
Das wusste Benvenuto Larosa natürlich auch. Er starrte Lucio Lunetti fassungslos an und verfiel dann in keuchendes Gelächter.
»Hey, Commissario, bene, nichts für ungut, aber...« Kopfschüttelnd verstummte er.
»Was: aber?«, hakte Lunetti nach.
Larosa sah den Kommissar fast väterlich an.
»Auf dieser Welt kann keiner den anderen schützen, auch wenn das immer wieder gesagt wird. Aber am Ende kämpft jeder allein ums Überleben.«
Das war kaum von der Hand zu weisen, dennoch durfte Lunetti nicht lockerlassen, durfte nicht aufgeben, er musste ganz einfach weitermachen:
»Ach so? Nur du kannst das – jemanden schützen, meine ich? Nur du bist loyal? Nur du schweigst? Nur du verrätst keinen? Guter Mann!«
Lunetti stand auf und setzte sich neben Larosas Stuhl auf die Tischkante.
»Das meine ich ernst, Ben. Du bist kein so schlechter Kerl, du hast noch keinem ernsthaft etwas zuleide getan, jedenfalls nicht körperlich, nicht direkt...«
»Wie denn dann?«, fragte Larosa empört.
Lunetti sah ihn lange an.

»Hast du dir in einer stillen, andächtigen Stunde mal ein paar kleine Gedanken darüber gemacht, wie viele Menschen durch die Waffen oder durch die Drogen, die du damals als Kurier transportiert hast, zu Schaden, ja gar zu Tode gekommen sind? Oder wie sich andere Aktivitäten, an denen du beteiligt warst, auf andere ausgewirkt haben könnten?«

»Ich habe noch nie ...«

»Ben, hör auf, ja? Bitte erzähl mir nichts, was ich nicht selbst besser weiß.«

Der Commissario war unvermittelt laut geworden. Er rieb sich resigniert das Gesicht. Als Ben nichts mehr sagte – wahrscheinlich wusste der Bursche gar nicht mal so genau, warum er ständig mit der Polizei zu tun hatte –, fuhr er fort:

»Ich sage es noch einmal: Du bist kein schlechter Kerl. Warum also um alles in dieser Scheißwelt willst du einen Mörder decken?«

Larosa hob verzweifelt die Hände.

»Ich decke keinen Mörder! Und weißt du, warum, Commissario?«

Er beugte sich vor und sah Lunetti herausfordernd an.

»Du sagst es mir gleich.«

»Weil ich ihn nicht kenne!«

Schlaff ließ Larosa seine Hände wieder auf den Tisch sinken und lehnte sich zurück.

»Das bezweifle ich doch gar nicht, Ben«, sagte Lunetti beschwichtigend. »Ich will lediglich von dir wissen, wer bei euch im Gefängnis über diesen Toten vom Kanal gesprochen hat und was genau er gesagt hat. Ist doch nicht so schwer!«

»Pah! Der Tote muss ja ein hohes Tier sein, wenn ihr euch dermaßen ins Zeug legt.«

»Bei Mord legen wir uns immer ins Zeug, Ben. Und auch in allen anderen Fällen ...«

Benvenuto Larosa winkte lächelnd ab.

»Lass stecken, Commissario. Ich weiß, ich weiß ...«

Die Tür ging auf, ein uniformierter Beamter streckte den Kopf herein.
»Commissario Capo?«
»Jetzt nicht!«
»Es ist sehr wichtig.«
Das konnte Lucio Lunetti sich wohl denken. Sonst würde es ja auch keiner wagen, ihn mitten in einer ebenso wichtigen Befragung zu stören. Aber ausgerechnet jetzt! Er schlug mit der flachen Hand auf den Tisch.
»Momentino«, sagte er zu Benvenuto Larosa, als er schnell den Raum verließ und die uniformierte Wache vor der Tür zu dem Häftling hineinschickte.

»Es gibt neue Hinweise auf die Identität des Toten vom Kanal«, sagte der uniformierte Kollege auf dem Flur zu Lunetti und deutete mit einem vielsagenden Kopfnicken auf eine ältere Dame in einem recht eleganten Kostüm mit passender Handtasche und Handschuhen und mit adrett frisiertem, blau getöntem Haar. Sie saß ein paar Meter entfernt zusammengesunken und wie verloren auf einer Wartebank und stierte reglos auf einen Punkt an der gegenüberliegenden blanken Wand.
»Ja? Und? Wer soll das sein? Was will diese Frau«, fragte der Kommissar ungehalten.
Der Kollege seufzte und sagte leise:
»Das ist Ornella Ribollo. Sie vermisst ihren Sohn und meint, ihn in den Bildern, die wir ihr gezeigt haben, zu erkennen.«
Wie betäubt starrte Lucio Lunetti dieses Häufchen Mutterelend auf der Bank an.
»Was zum Henker...?«
Schwer atmend fuhr Lucio Lunetti sich durch sein graumeliertes Haar und straffte sich mit ernstem Blick.
»Gut, va bene, ich kümmere mich darum. Lassen Sie Larosa ins Gefängnis zurückbringen.«

Der Kommissar blieb noch eine kleine Weile allein im Korridor stehen und überlegte, ob seine Theorie im Zusammenhang mit dem organisierten Verbrechen nun endgültig in sich zusammengefallen war. Aber diese Frau hier war ja nur die Mutter, der Sohn könnte also durchaus an einem …

»Ciao, Commissario«, sagte Larosa, als er an ihm vorbei abgeführt wurde und Lunetti aus seinen Gedanken riss. »Ich wollte nur noch sagen …«

»Äh, ja. Wir reden ein andermal.«

Larosa zuckte nur mit den Achseln. Dann würde Lunetti eben nicht erfahren, dass keiner im Knast eine Ahnung hatte, wer der Tote war, alle wussten es nur aus der Presse und aus den Nachrichten und niemand hatte eine Ahnung, ja nicht einmal einen blassen Schimmer, wer es war und was dahinterstecken könnte.

Aber das war ja auch egal. Ihn, Benvenuto Larosa, ging die Sache nun nichts mehr an.

Minimalia veneXiana hieß Alma Pilic' neue Ausstellung in ihrer Galerie »Alma Ars«, die sie seit einem halben Jahr an der Burgsteige betrieb und wo sie oben unter dem Dach auch eine kleine Wohnung hatte. Zur Vernissage am Freitagabend waren die meisten Geladenen in Commedia-dell'Arte- und anderen mehr oder weniger fantasievollen Verkleidungen erschienen und wie immer gab es auch etliche Nichtgeladene, die szenisch-wichtig herumstanden und sich am Prosecco, am Wein und am beliebten Sprizz, ob mit Aperol oder Select, gütlich taten. Außerdem wurde gequarzt, was das Zeug hielt, darauf bestand Alma nachgerade in diesen Räumen, obwohl sie selbst noch nie im Leben geraucht hatte. Aber Rauchen sei eine elegante Geste und es sei gut für die Patina, für das Ambiente und das Lebensgefühl, meinte sie.

Peter Mehrfeldt war natürlich auch eingeladen, der Tübinger Kommissar war nicht nur ein Freund, sondern auch ein guter Kunde, der seine MS-kranke Mutter hin und wieder mit einem Objekt aus Almas Sammlungen beglückte.

Ihn traf fast der Schlag, als er die gepuderten Rokoko-Gestalten sah, und auf den ersten Blick erkannte er nur Manuel Soares, der Wolgrath den neulich noch als unverzeihlich empfundenen Freundschaftsverrat ganz offensichtlich verziehen hatte und unbeirrt als Mann des 21. Jahrhunderts im dunkelblauen Anzug erschienen war. Er stand neben einem Dottore mit Schnabelmaske, einem venezianischen Pestdoktor – wie ja die Pest überhaupt der historische Grund für die Masken war, mit denen man gemeint hatte, sich vor der tödlichen Krankheit und vor Siechtum schützen zu können.

Der Dottore entpuppte sich bei näherem Hinsehen jedenfalls als Siggi Hertneck. Offenbar war die ganze unerfreuliche Episode bei Camillo wieder vergessen, wie Mehrfeldt sah, und er freute sich über den neuen Frieden und den entspannenden Abend, den dies verhieß. Obwohl man bei dieser Clique niemals sicher sein konnte, was alles geschehen könnte.

»Wo sind denn Alma und Niels?«, fragte er.

Manuel fasste eine reichlich mit barocker Herrenkleidung kostümierte Person, die gerade mit einem kunstvoll mundgeblasenen, zweifarbigen Trinkpokal vorbeiging, am Arm und zog sie zu sich.

»Darf ich dir unseren Casanova vorstellen, Commissario?«, sagte er zu Mehrfeldt.

An den großen, graugrünen Augen und den schlanken Händen erkannte der Kriminaler Alma Pilic.

Sie lachte erfreut auf.

»Hallo, Peter, schön dass du gekommen bist«, rief sie

fröhlich. »Übrigens, der wahre Casanova steht dort hinten und lauert unauffällig auf weibliche Beute!«, sagte sie mit einem verschwörerischen Augenzwinkern.

In einer Ecke stand ein kräftiger, groß gewachsener, distinguierter Herr mit eisgrauem, streng nach hinten gekämmtem Haar. Er trug einen dunkelgrauen Frack, ein weißes Gilet, eine Art Reithose in Taubenblau, hohe weiße Strümpfe und dunkelrote Schnallenschuhe. Außerdem hatte er ein Monokel im Auge klemmen und stützte sich auf einen schwarzen Gehstock mit vornehmem Silberknauf. Sein Gesicht war aschfahl. Das Auffälligste aber waren die roten Flecken auf der weißen Weste.

Peter Mehrfeldt näherte sich der Figur, die in verkrampfter Starre verharrte.

»Warst du beim Kostümverleih?«

»Wozu hat man eine Modedesignerin als Schwägerin in spe?«, flüsterte der Angesprochene.

»Und was stellst du dar?«

»Sieht man das nicht?«, fragte Wolgrath nun mit erstorbener, kaum hörbarer Stimme.

Mehrfeldt sah ihn eine Weile lang belustigt an.

»Alma, selbst heute Casanova, behauptet glatt, du wärst der wahre Casanova.«

»Das Übliche, aber charmant ... Tja.«

Wolgrath hob anmutig die Hand.

»Ich bin tot, ein erschossener Berufskiller. Typisch venezianisch. So wie du – ciao, Commissario Lunetti. Wie geht es Paola und den Kindern? Den Schwiegereltern, dem hochgeschätzten, geehrten Comte und der verehrten, bezaubernden Comtessa? Und dem Signore Vicequestore?«

Mehrfeldt lachte laut auf.

»Grazie, grazie, tutti stanno bene. Benissimio! Aber warum versteckst du dich eigentlich in der hintersten Ecke?«, wollte er wissen. »Als Toter kann dir ja nicht mehr viel passieren, jedenfalls nicht vonseiten Kommissar Lunettis.«

»Ich warte auf meine Begleitung. Vielleicht auch auf meine Meuchelmörderin.«

»Aha. Und wer wäre das?«

»Signora Wallner, die Dame, mit der ich mich so gut an der Hotelbar des *Monaco & Grand Canal* unterhalten habe. Sehr zu empfehlen übrigens. Beide. Alma hat diese Frau eingeladen. Aber bisher ist sie nicht erschienen – soweit ich das bei den irren Verkleidungen beurteilen kann.«

Der Kommissar schlug stöhnend die Hände über dem Kopf zusammen. Er hatte sich ganz eindeutig zu früh auf diesen Abend gefreut, das war ihm jetzt klar.

»Mannomann! Was soll denn das nun wieder für ein Spielchen werden, Niels? Das ist doch wirklich kindisch. Ich habe neulich mit Lucio Lunetti telefoniert. Er hat einen ganzen Schwarm an Verdächtigen aus der Familie, wenn du weißt, wen und was ich damit meine. Zu einer Festsetzung ist es bislang zwar nicht gekommen, aber er folgt einer heißen Spur, jedenfalls hat er das gesagt, und es gibt keinen Grund, ja nicht einmal den Hauch eines Anlasses, daran zu zweifeln. Und noch viel weniger Grund gibt es im Übrigen, dass wir, und ich rede ausnahmsweise im Plural der ersten Person, also ihr und dann auch noch ausgerechnet ich, uns weiter um obskure venezianische Verbrechen kümmern.«

Wolgrath zuckte mit den befrackten Schultern.

»Da bin ich ganz bei dir, Commissario, du weißt ja, dass selbst mir das Ganze einen Tick zu heiß ist, sollte diese Sache tatsächlich eine... Familienangelegenheit sein. Aber du kennst ja Alma. Wenn sie sich etwas in den Kopf gesetzt hat, treibt man ihr das nicht so leicht wieder aus. Jedenfalls hat sie darauf bestanden, dieser Anwältin eine Einladung zu schicken. Sie geht davon aus, dass die Frau tot umfällt, wenn sie mich, das heißt *ihn* sieht. Ein Skandal, besonders ein Todesfall, sei immer gut fürs Geschäft, meint sie. Und ich bin gerne behilflich, wie du weißt.«

Peter Mehrfeldt ging kopfschüttelnd und ohne weitere Kommentare in Richtung der wunderschön improvisierten Bar – wie immer hatte Alma sich nicht lumpen lassen.

»He, Peter, wer bin ich eigentlich?«, rief ihm der erschossene Auftragskiller nach.

Der Kommissar drehte sich um.

»Mir ist heute Abend ganz bestimmt nicht nach philosophischen Diskursen über das Leben im Allgemeinen und deine Existenz im Speziellen zu Mute.«

»Ach was! Ich meinte damit doch nur: Wie hieß mein leichnamiges Pendant?«

»Also, wirklich, was dir immer so einfällt! Hm«, Mehrfeldt kratzte sich am Kopf. »Wie hieß er doch gleich noch mal...? Canova, glaube ich. Irgend so ein reicher Knilch, hat Lunetti gesagt. Mit Palazzo am Kanal und allem Drum und Dran.«

Er lachte.

»Casanova – Canova. So ein Zufall aber auch!«

»Ich glaube nicht an Zufälle«, grummelte Wolgrath, dessen Stirn sich so sehr zusammengezogen hatte, dass seine Augenbrauen sich über der Nasenwurzel fast berührten.

Und dann fiel ihm kurz das Monokel aus dem Auge. Denn was keiner der Eingeweihten mehr für möglich gehalten hätte – gleich nach Almas Schlusssatz: »Venedig – ruhmreicher Aufstieg und glorreicher Fall einer Republik größter Machtfülle, Charme und Verfall, Traum und Mythos«, ging die Tür auf und herein kam eine große, blonde Frau mittleren Alters mit der Einladung in der Hand. Unkostümiert.

Während Mehrfeldt mit zwei Gläsern zu Wolgrath ging und ihm eines gab, lief Alma auf die Frau zu und begrüßte sie herzlich. Wolgrath und Mehrfeldt sahen, wie Alma mit ihr plauderte, sie dann herumführte und ihr die Objekte zeigte.

»Der Rundgang wird wohl bei uns enden«, sagte Wolgrath

mit gedämpfter Stimme zum Kommissar. »Du verziehst dich jetzt besser, sonst hat die Dame gleich zweimal ein Déjà-vu – dich und mich – und wird womöglich noch tödlich misstrauisch. Sofern sie nicht gleich tot umfällt, wie Alma vermutet.«

»Ich denke, das soll der Sinn der Sache sein«, widersprach Mehrfeldt, drehte sich aber um und betrachtete ein großformatiges Gemälde des Bucintoro vor San Nicolò di Lido, auf dem der Doge Pietro Orseolo zur »Vermählung Venedigs mit dem Meer« einen Goldring in die Lagune wirft.

»Sie sehen«, sagte Alma lachend zu Beata Wallner, »wir spielen hier Carnevale mitten im Oktober und einige Leute haben sich dazu etwas ganz Besonderes und, wenn Sie mich fragen, auch leidlich Makaberes einfallen lassen.«

Sie konnte Beata Wallner, die japsend und mit verdrehten Augen zu Boden sank, gerade noch am Arm packen. Wolgrath sah ungerührt, da leichenstarr, zu, während Mehrfeldt der Galeristin zu Hilfe eilte und die Frau stützte.

Die beiden brachten die halb ohnmächtige Dame hinauf in Almas Wohnung über der Galerie und legten sie auf das bordeauxrote Kanapee in ihrem Wohnzimmer, das auch sonst ganz in Rot gehalten und eingerichtet war.

Alma holte ein Glas Wasser.

»Oder wäre Ihnen ein Cognac lieber?«

»N-nein, es geht schon wieder.«

»Sollen wir den Notarzt rufen? Haben Sie gesundheitliche Probleme?«, fragte Mehrfeldt.

Sie winkte ab.

»Eigentlich nicht. Es war wohl die schlechte Luft, der Rauch, die vielen Leute auf engem Raum… Und ich war in letzter Zeit sehr beansprucht – beruflich, meine ich… Aber… ich kenne Sie irgendwoher.«

»Mich?«, sagte der Kommissar ganz unschuldig. »Ich wüsste nicht, woher wir uns kennen sollten. Aber jetzt, wo Sie es sagen… Wie ist denn der werte Name?«

»Das ist Frau Wallner«, sagte Alma, als Frau Wallner nicht antwortete. »Sie lebt zwar hier, aber wir haben sie zufällig in Venedig kennengelernt.«

»Wallner, Wallner...« Der Kommissar legte den Kopf in den Nacken. »Ach, jetzt erinnere ich mich! Ich war unlängst bei Ihnen. In Zusammenhang mit einem Mordfall in Venedig brauchte ich ein paar Angaben, nachdem Sie mit Signore Canova...«

Alma drehte sich ruckartig zu ihm um.

»Ach so, das«, Beata Wallner nickte. »Das hat sich hoffentlich mittlerweile erledigt. Ich habe Ihnen ja gesagt, dass ich diesen Herrn nur flüchtig kannte. Eine nette Plauderei.«

So, so, dachte Mehrfeldt und blickte Alma, deren Gehirn auf Hochtouren zu laufen schien, mit nachdenklich vorgeschobenem Kinn an: Man bekommt nichts aus dieser Wallner heraus. Verschlossen wie eine Auster. Sie will sich nicht verraten, aber allein die Härte in ihrer Stimme ist schon verräterisch. Außerdem fragt sie nicht nach dem Stand der Ermittlungen – wo doch ein Mann umkam, mit dem sie so nett geplaudert hatte.

»Ja, das hat sich so weit erledigt, das heißt...« Mehrfeldt hielt kurz inne, dann sagte er scharf:

»Sagen Sie, Frau Wallner, interessiert es Sie denn gar nicht, was mit dem Mann geschehen ist, mit dem sie sich angeblich so gut unterhalten hatten? Die Neugier der Zeugen macht uns zwar oft das Leben und vor allem die Arbeit schwer, aber so desinteressiert wie Sie war noch keiner.«

Sie stutzte.

»Aha, das soll also eine Inszenierung gewesen sein«, sagte sie stirnrunzelnd.

»Was?«

»Der leichenblasse Herr im Smoking. Wollten Sie mich aufs Glatteis führen? Ich warne Sie...«

»Erstens bin ich privat hier«, erwiderte Peter Mehrfeldt

streng, »zweitens kenne ich den Mann im Smoking nicht und drittens: Könnte ich Sie denn aufs Glatteis führen?«

»Sie haben wohl vergessen, dass ich Anwältin bin. Ich glaube kaum, dass das, was Sie da tun, rechtens ist. Sollten Sie es wagen, noch einmal in meine Nähe zu kommen – und das gilt auch für Sie, Frau Pilic –, dann werde ich meine...«

»Sie werden gar nichts«, fuhr Mehrfeldt sie an. »Im Übrigen sind Sie in meine Nähe gekommen, Frau Wallner. Sie vergessen wohl, dass ich vor Ihnen hier war. Ich bin ein Freund des Hauses, wenn ich das so sagen darf.«

Schnaubend stand Beata Wallner auf. Sie wankte noch leicht, bekam sich aber schnell in den Griff und wollte zügig das Zimmer verlassen, das gerade Wolgrath alias Canova betrat.

Sie erstarrte. Und dann gab sie Wolgrath eine so schallende Ohrfeige, dass es ihm den Hals verdrehte und der weiße Puder nur so von seiner Backe und aus seinen Haaren stob.

Nach Wolgraths Devise: »In der Verzweiflung braucht der Körper Liebe – oder eine warme Mahlzeit«, war der harte Kern um die Galeristin Alma Pilic nach dem allgemeinen Aufbruch, nach kurzem Aufräumen und nach dem kunstvollen Überschminken von Canovas malträtierter roter Backe ins *da capo* gezogen, wo ein Tisch reserviert und ein venezianisches Menü vorbestellt war.

»Dieser Spruch könnte fast von meiner Großmutter sein«, sagte Manuel Soares lachend.

Siggi Hertneck hatte die Dottore-Maske abgelegt; sie zog ein spöttisches Gesicht – traktierte ihr Freund Manuel sie doch mit nervtötender Regelmäßigkeit mit den Lebensweisheiten seiner Großmutter.

»Und wie findet ihr diesen Spruch?« Peter Mehrfeldt hob deklamierend die Hände: »›Es gibt Orte, wo die innere Not unvermeidlich ist und wo man notgedrungen fatale Fehler macht.‹«

»Was meinst du damit? Welcher Ort, welche Not, welche Fehler? Und vor allem will ich wissen: Wer hat einen Fehler gemacht?«, fragte Alma neugierig.

Mehrfeldt sah sie nachdenklich an.

»Hättet ihr mich vorher gefragt, ob diese kleine Theatervorstellung sinnvoll oder nachgerade in irgendeiner Weise berechtigt sei, hätte ich unumwunden hundertprozentig abgeraten. Doch mit Niels, der sich als toter Canova zurechtgeschminkt hatte, habt ihr diese Wallner ganz offensichtlich an einen Punkt getrieben, an einen inneren, intimen Ort, wo sie strauchelte und früher oder später unweigerlich einen Fehler machen musste.«

»Na also. Endlich hast du eingesehen, dass sie etwas mit diesem Canova-Mord zu tun hat! Aus dir kann echt noch ein richtiger Kommissar werden«, sagte Alma mit einem gespielt großzügigen Lächeln.

»Aha. Und was war dieser fatale Fehler? Ohnmächtig zu werden?«, fragte die ewige Psychologiestudentin Siggi Hertneck einigermaßen barsch.

»Sie hat Niels geschlagen«, antwortete der Kommissar eifrig. »Das ist nicht gerade eine normale Reaktion auf einen verkleideten Mann und das auch noch in einer Ausstellung über die Stadt der kunstvollsten Kostüme und Masken. Jedenfalls haben wir sie jetzt erst einmal am Haken – Niels zeigt sie an, dann muss sie sich dazu äußern und wir können ihr mit allem Recht der Welt all die unbequemen Fragen stellen, die uns auf den Nägeln brennen.«

Manuel Soares sah seinen Freund Wolgrath einigermaßen verwundert an.

»Du willst diese Wallner doch nicht etwa anzeigen? Wegen einer Ohrfeige? Also komm!«

»Anders kommen wir einfach nicht an sie heran. Wir müssen bei ihr auf den Busch klopfen. Und außerdem – soll ich mich etwa ungestraft schlagen lassen? Wo kommen wir denn da hin?«, sagte Wolgrath mit einem hintersinnigen Lächeln.

Manuel Soares bedachte ihn mit dem wohlbekannten Funkeln hinter der Brille – in Erinnerung an eine kleine Schlägerei, die sich die beiden zwei Jahre zuvor mitten in der Nacht in Lissabon an einem schmierigen Kai geliefert hatten – und wollte offenbar schon eine entsprechende Bemerkung machen.

Doch da kamen die Bigoli, dicke Spaghetti, mit Sardellensoße, über die sich alle hungrig hermachten.

Wolgrath lachte und nickte ihm bedeutungsvoll zu. Er hatte dessen Blick aufgefangen und wusste natürlich, was sein Freund dachte – die anderen hatten von dem Vorfall keine Ahnung und das sollte, wenn möglich, auch in Zukunft so bleiben, fand er.

»Wieso lachst du?«, fragte Siggi Hertneck.

»Das geht dich gar nichts…«, wollte er sie schon anraunzen, fuhr dann aber in fröhlichen Tonfall fort: »Ach, mir ist nur gerade etwas eingefallen.«

Siggi nickte und stellte ganz sachlich fest: »Und das geht mich nichts an.«

Sie wusste sehr wohl, dass Wolgrath ihr mit seiner Antwort ausgewichen war.

»Was ist dir denn eingefallen?«, fragte Manuel Soares mit amüsiertem Blick.

»Vielleicht ist mir vor allem etwas *auf*gefallen: Dass nämlich unser Herr Professor Doktor Doktor Manuel Soares de Azevedo e Pinto – Lusitanistik und Allgemeine Romanistik, Sprache und Literatur, wenn ich nicht irre – den dicksten Hund übersehen hat.«

»Eben. Ich bin Romanist, genau genommen Lusitanist, und als solcher nicht für Hunde zuständig und schon gar nicht für dicke«, meckerte der Kritisierte.

»Mann, jetzt spuck's doch endlich aus!«, drängte Alma schmatzend ihren Niels.

»Und du, Casanova, hast auch nichts geblickt«, sagte Wolgrath zu seiner Freundin und beugte sich verschwörerisch über den großen Tisch. »Also, ihr tollen G'studierten: Canova – was heißt das auf Deutsch?«

Soares schluckte den letzten Bissen hinunter und sagte: »Hm, könnte eine Zusammenziehung von Casanova sein, und Casanova bedeutet ›neues Haus‹.«

»Ganz genau, altes Haus! Ca' steht im Venezianischen für casa und für neues Haus beziehungsweise dessen Bewohner könnte man auch ›Neuhäuser‹ sagen.«

Peter Mehrfeldt starrte ihn mit offenem Mund an.

»Na, ist das was, Commissario?«, fragte Wolgrath freudig und mit oberstolzem Lächeln.

»Das wäre wirklich ein Ding! Bruno Neuhäuser. Beata Wallner, geborene Neuhäuser. Und jetzt noch ein dritter Neuhäuser namens Canova.«

»Wieso sollte da unbedingt ein direkter Zusammenhang bestehen?«, gab Siggi Hertneck zu bedenken. »Ich bin doch auch nicht mit jedem Italiener verwandt, der meinetwegen Angeloduro oder gar Nucaduro heißt. Ich weiß ja nicht mal, ob mein Name etwas mit hart oder Nacken oder Ecke zu tun hat. Namen sind alt, sie schleifen sich ab.«

»Wie wahr«, stimmte der Lusitanist zu.

»Egal«, meinte Wolgrath. »Wenn unser Hauptkommissar die Herkunft der beiden Neuhäusers geklärt und bei Lunetti im schönen Venedig nochmals – oder überhaupt, wer weiß? – die Daten des Herrn Canova nachgefragt und überprüft hat, sind wir um einiges schlauer.«

»Es gibt eben Dinge zwischen Himmel und Erde...«, fing Soares an, um Mehrfeldts aufkeimenden Protest den

Wind aus den Segeln zu nehmen, doch da kamen mit dem Hauptgang schon ganz erdnahe Dinge in Form von klein geschnittener Kalbsleber, gedünstet in rauen Mengen von Zwiebelringen: Fegato alla veneziana.

»Tedesco! Tedesco!«, flüsterten, tuschelten, zischelten die anderen Jungen im Jesuiteninternat auf dem Festland bei Padua. Und: »Streber!«
Der große, strohblonde Jugendliche hörte es, aber er ließ sich nichts anmerken.
Er hatte sein Revier markiert, sein Land abgesteckt, abgegrenzt, sein Bett, seinen Teller. Allein schon durch seine Körpergröße, seine panzerharte Schale, seinen eisigen Blick, durch erbarmungslose Klugheit, harten Fleiß, bizarre Wissbegier. Er wirkte selbstbewusst, auf erschreckende Weise normal, wenn er auch ein Einzelgänger und Eigenbrötler war und keinem je Einblick in den unaussprechlich verstörenden Albtraum seiner Seele gab.
Wenn er in den Schulferien nach Hause kam, noch immer in die winzige Wohnung am trüben Kanal, und in das sorgenvolle Gesicht der Mutter blickte, die sich Tag für Tag, Sonn- wie Feiertag im Hotel abrackerte, stellte er nicht mehr viele Fragen.
Er sprach mit sich selbst, still, ohne die Lippen zu bewegen. Die Antworten blieben aus. »Die Verzweiflung hat keine Flügel.« Genauso wenig wie die Liebe. Diese zierliche Frau, die nun schon leicht gebeugt ging, nein, nicht sie, sondern vielmehr die Gefühle, die er für sie hegte, das kaputte Leben, für das seine Mutter stand, saugten alles, alles andere, alles Leben aus ihm heraus. Aber das Eine musste er unbedingt wissen.
»Mamma, warum sehe ich so aus?«
»Aber warum fragst du denn, caro mio, bello mio?«, lachte sie. »Du bist hübsch. Ein Bild von einem jungen Mann. Du bist mein Schönster und mein Liebster!«
»Aber ich bin anders, ganz anders als die meisten hier, anders auch als du.«
Und als sie nichts sagte, fügte er hinzu: »Sie nennen mich einen Deutschen, Mamma.«

Nach den erdnahen Genüssen bei Camillo im *da capo* verliefen die Nacht und das weitere Wochenende in teuflischer Nähe zu ganz genussfernem, jedoch genauso irdischem Ungemach.

Alma Pilic und Niels Wolgrath wollten nach dem opulenten Mahl und dem vielen Wein in Almas Wohnung nächtigen und waren nach ihrem kurzen Spaziergang zurück in der Burgsteige unterhalb des manieristischen Eingangsportals der Vorburg des Schlosses Hohentübingen, das – 1607 in der Form eines römischen Triumphbogens mit kunstvollen Reliefs gestaltet – als das schönste Süddeutschlands gilt.

Da sahen sie auf dem großen Fenster der noch immer beleuchteten Galerie ein Kunstwerk, ein hochpubertäres Gemälde in Schwarz prangen, das mit der laufenden Ausstellung so wenig zu tun hatte wie eine Natter im Starenkasten: ein überdimensionales männliches Geschlechtsorgan, das in ein genauso überdimensioniertes weibliches Genital eindringen wollte.

»So ein Scheiß! Auch das noch«, stöhnte Alma müde und fuhr mit dem Finger über die noch leicht feuchten, aufgesprühten Farblinien. »Das müssen wir jetzt gleich wegmachen, sonst trocknet es ein und geht dann noch schwieriger weg. Sieht ja absolut beschissen aus. Mist, blöder!«

»Ja, das kann man wohl sagen! Hast du schon irgendwann mal so etwas gehabt?«, fragte Niels Wolgrath, der entsetzt stehen geblieben war und sich auf einen Schlag wieder ganz nüchtern fühlte.

»Nö. Aber irgendwann ist es immer das erste Mal.«

Sie schloss energisch die Tür auf und holte aus dem Kabuff neben den Ausstellungsräumen zwei Eimer, Bürsten, Lappen und eine Flasche Verdünner.

»Ich weiß nicht... Das ist doch kein Zufall«, sagte er, als Alma ihm einen Eimer in die Hand drückte.

»Heute ist Freitag. Du kannst dir ja vorstellen, welche Horden von Jugendlichen durch die Stadt ziehen. Besoffen, frustriert, zugedröhnt. Was weiß denn ich? So was sieht man doch überall, oder?«, sagte sie achselzuckend.

»Alma, ich bitte dich! Überleg doch mal – nach allem, was heute Abend hier passiert ist...«

Sie drehte sich abrupt zu ihm um.

»Du willst damit jetzt aber nicht andeuten, dass Frau Wallner mir den Laden versaut hat? Das kann nicht dein Ernst sein. Sieh dir dieses Geschmiere doch an – wonach sieht es denn aus? Nach einer kunstbeflissenen Bildungsbürgerin?«

Sie lachte schnaubend auf und schrubbte weiter.

Niels Wolgrath sagte erst einmal nichts mehr. Alma hatte ja recht, die Dame war wohl kaum losgezogen, hatte sich irgendwo – wo um diese Zeit? – eine Sprühdose besorgt und war wiederkommen. Außerdem war das Ganze wirklich zu banal, zu doof, zu primitiv. Aber wenn die Wallner es nicht selbst hingeschmiert hatte? Das Brüderchen lag im Krankenhaus, er konnte es definitiv nicht gewesen sein. Aber auch er wäre wohl kaum zu so einem beknackten, pubertären Mist zu überreden gewesen.

Also gut. Weg mit dem Dingens – und Schluss.

Am Samstagmorgen wollten Alma und Niels nach längerem Ausschlafen zu einem späten Frühstück um die Ecke auf den nahen Marktplatz hinuntergehen. Nicht nur in der Herbstsonne war der Mittelpunkt Tübingens ein wunderschöner Ort. Wunderschön mit dem Renaissance-Rathaus und dem Neptunbrunnen und mit dem Ensemble von Häusern, in denen einst Dichter und Denker gelebt hatten, seien es Hermann und Isolde Kurz oder Philipp Joseph von Rehfues gewesen. Und dann gab es noch das ehemalige Wirtshaus *Lamm*, wo sich die Sympathisanten der Französischen Revolution beim Wein getroffen hatten. Unter ihnen befand sich auch das Dreigestirn »Hegel, Hölder on dr Kloi« – mit Letzterem war der kleine schmächtige Schelling gemeint –, das zumindest der Legende nach auf dem Marktplatz einen Freiheitsbaum aufgestellt und umtanzt und dazu gar die Marseillaise geschmettert haben soll, um den Herzog zu provozieren.

Doch kaum traten Alma und Niels, die im Spaß miteinander wetteiferten, wer die Geschichte und die Persönlichkeiten der Stadt besser kannte, aus dem Haus, sahen sie zu ihrer Bestürzung wieder ein nettes Bildchen, dieses Mal nicht auf der Scheibe oder auf der Wand, sondern auf dem Briefkasten. Sehr viel kleiner diesmal und mit rosaroter Wachskreide verfasst, aber mit der unmissverständlichen Aufforderung *Fick dich* versehen.

Alma blieb wie angewurzelt stehen.

»Das ist jetzt wohl kein Zufall mehr. Das gilt nun eindeutig dir«, sagte Wolgrath trocken.

»Wieso mir?«

»Es steht auf deinem Briefkasten, auf dem Briefkasten steht dein Name, und da steht: ›Fick dich‹, nicht fickt euch oder uns oder sie oder ihn.«

Er tippte im Takt mit dem Finger darauf.

»Hm«, machte Alma nur, aber sie musste einsehen, dass an dieser Argumentation etwas dran war.

»Wem außer der Wallner bist du denn in jüngerer Zeit sonst noch auf die Zehen getreten?«

»Hör mal!«, empörte sich Alma. »Ich kann mich jedenfalls an nichts dergleichen erinnern, außerdem habe ich, wie du genau weißt, mit Halbwüchsigen nichts zu tun.«

»Kann sein oder auch nicht.« Wolgrath zückte sein Handy. »Ich rufe jetzt Peter an.«

»Spinnst du? Wegen so einer Lappalie? Das ist doch lächerlich!«

Alma warf den Kopf zurück und blies laut den Atem aus.

»Ob das eine Lappalie ist und wie lächerlich das ist, soll Peter entscheiden.«

Der Kommissar fand die beiden wie verabredet auf dem Marktplatz in der Sonne vor einem üppigen Frühstück sitzend, dazu waren drei Gedecke aufgetragen.

Statt eines Grußes zündete Mehrfeldt sich schweigend eine Zigarette an.

»Willst du nichts essen?«, fragte Niels Wolgrath, nachdem er frischen Kaffee bestellt hatte, und deutete auf die Platte.

»Das ist die Spezialität des Hauses: Northern Islands' Dream mit Crevetten und Lachs und Flusskrebsen und ... Was hast du denn, Peter?«, fragte er ratlos, als Mehrfeldt sich müde und erschöpft auf seinem Stuhl zurücklehnte und seine langen Beine ausstreckte.

»Ich weiß nicht, wie ich es richtig oder auch nur verständlich formulieren soll«, sagte der Kommissar schließlich.

Dass er sich ausgelaugt, ja wie ausgesaugt fühlte, konnte er kaum laut aussprechen.

»Ich kann nicht mehr. Ständig habe ich nur mit euch oder wegen euch zu tun. Selbst als ihr in Venedig wart, hatte ich mit euch zu tun. Seit ihr zurück seid, vergeht kein Tag, an dem nicht irgendwas los ist – der Verkehrsunfall, der Vorfall in der Galerie. Jetzt das. Ihr haltet mich ständig auf Trab. Das kann einfach nicht so weitergehen. Ich mag euch, ich mag euch wirklich, aber es kann nicht sein, dass ich nur für eure Interessen lebe. Ich habe auch noch ein paar eigene Bedürfnisse, wenige zwar, aber dennoch ... Ich habe eine kranke Mutter und darüber hinaus würde ich auch gern mal wieder etwas mit anderen Leuten unternehmen. Oder allein sein. Ich muss von Zeit zu Zeit zur Ruhe kommen. Nachdenken. Auftanken. Und, nicht zu vergessen, ich habe auch noch einen regulären Job, ich kann nicht ständig und immer nur den Privatermittler für euch spielen. Ich kann einfach nicht mehr.«

Nach einem längeren Schweigen hob Wolgrath warnend den Zeigefinger.

»Der Unfall war eine Verkehrssache. Der Szene in der Galerie hast du als Almas Gast beigewohnt – du hättest ja nicht zu kommen brauchen, wenn dir alles mit uns dermaßen zu viel ist und dir so viel an deiner Ruhe liegt«, ereiferte er sich und fuhr, bevor Mehrfeldt noch widersprechen konnte, zornesrot fort: »Und diese Schmiererein gestern und heute an der Galerie – das ist Sachbeschädigung, also eindeutig ein Straftatbestand, und wenn ich mich nicht allzu sehr täusche, bist du Polizist.«

»Ja, aber ich für meinen Teil bin bei der Mordkommission, Niels – M-O-R-D. Ich bin weder für Verkehrsdelikte noch für Sachbeschädigungen zuständig.«

»Soll ich es dir buchstabieren, Peter?«, sagte nun auch Alma wütend.

»All das steht unter Umständen in Zusammenhang mit dem Mord in Venedig und mit Beata Wallner, mit Neuhäuser und diesem Canova. Genau – wer war das eigentlich, was ist das für ein Typ?«

Der Kommissar ging auf die letzte Frage gar nicht ein.

»Exakt. Du sagst es, Alma: unter Umständen. Sosehr ich mich auch bemühe, ich kann nicht einen einzigen Umstand erkennen, nicht einen einzigen Hinweis, der die Wallner, wahlweise Neuhäuser, wahlweise Canova und die ganze gottverfluchte Mafia oder Nicht-Mafia zum einen mit einer Kollision auf der Straße und zum anderen mit einer kindischen Schmiererei an einem Haus in der Tübinger Altstadt in Verbindung bringt. Das ist doch absurd! Völlig abstrus. Und selbst wenn – selbst wenn alles so sein sollte, genau so, wie ihr es haben wollt –, es ist verdammt noch mal nicht mein Fall! Bei der Polizei gibt es so etwas wie Dienstwege, Weisungsgebundenheiten, Zuständigkeitsbereiche et cetera pp.«

Alma und Niels sahen einander an.

»Viele Dinge liegen eben unter der Oberfläche und je tiefer man bohrt...«, sagte Alma.

Mehrfeldt winkte genervt ab.

»Ja, ja, ich kenne das. Das ist so ähnlich, wie wenn der Arzt zu einem Patienten, bei dem er ums Verrecken nichts und wieder nichts feststellen kann, sagt: Was? Sie sind nicht krank? Dann sind Sie eben einfach nicht gut genug untersucht.«

»Was sollen wir also tun?«, fragte Niels Wolgrath, dem sein Freund Mehrfeldt fast schon wieder leid tat, schließlich resigniert. »Ganz einfach die Polizei rufen?«

»Ja, das wäre der normale Gang der Dinge. Aber da ich nun schon einmal hier bin, sehen wir uns das an und ich sorge dafür, dass es protokolliert wird für den Fall, dass noch einmal etwas Entsprechendes vorkommt. So. Und jetzt, nachdem meine tragische Rolle hoffentlich ein für allemal geklärt ist«, der Kommissar warf den beiden einen vielsagenden Blick zu, »kann ich mich hier endlich am Inseltraum des Nordens bedienen«, sagte er und griff zu.

»Die Scheibe habt ihr gestern Nacht noch geputzt?«, fragte Mehrfeldt, als sie vor der Galerie in der Burgsteige standen, wo von dem Gekritzel keine Spur mehr zu sehen war. Auch der Briefkasten war sauber.

Alma war völlig perplex.

»Ja, das Fenster haben wir geputzt, aber nicht den Briefkasten. Das verstehe ich absolut nicht. Aber – auch gut, dass es weg ist. Vielleicht hat sich ein aufrechter Bürger daran gestört, oder aber der reuige Sünder kam zurück an den Tatort und hat seine Spuren beseitigt.«

»Hast du eine Alarm- oder Überwachungsanlage?«, fragte Peter Mehrfeldt.

Alma sah ihn an, als sei er nicht mehr ganz normal.

»Nein, natürlich nicht. Wozu denn auch?«

Typisch Alma. Jede Frittenbude hatte mittlerweile so ein Ding – Alma Pilic natürlich nicht.

»Habt ihr wenigstens Fotos von dem Scheiß gemacht?«, wollte der Kommissar wissen.

Wolgrath schlug sich an die Stirn.

»Verdammt! Daran haben wir gar nicht gedacht.«

»Also nein.« Peter Mehrfeldt seufzte vielsagend. »Das heißt dann im Klartext: Es gibt nicht den geringsten Beweis, dass hier überhaupt irgendwo irgendwann irgendetwas aufgemalt oder hingeschrieben worden war.«

»Ja, scheint so.« Aber Alma gab sich nicht geschlagen. »Es gibt vielleicht noch Spuren am Briefkasten, das war immerhin mit rosa Wachskreide gemalt, die kriegt man nicht so leicht weg«, sagte sie und trat näher heran.

»Alma, ich bitte dich um alles in der Welt! Wir werden sicherlich nicht wegen eines beseitigten Phallus-Gemäldes die Spurensicherung kommen lassen.«

»Also jetzt hör mal!«, fauchte sie. »Da stand noch *Fick dich*. Das ist eine Drohung.«

»Genau genommen ist es das nicht – grammatisch ist es nämlich ein Imperativ.«

»Na wunderbar! Das sind doch blöde Spitzfindigkeiten!«, maulte sie.

»Wer soll das denn jetzt weggemacht haben? Und warum auch? Das ergibt doch noch weniger Sinn, als diesen Dreck überhaupt erst anzubringen.«

»Ich weiß es nicht, Alma, ich weiß es wirklich nicht. Aber ich kann dir versichern, dass die Streife, die hier deswegen anrücken würde, das Ganze bestenfalls ziemlich albern finden würde und schlimmstenfalls total genervt wäre. In Großbritannien steht es sogar unter Strafe, die Zeit der Polizei zu verschwenden.«

»Wir sind aber nicht in Großbritannien!«

»Ja, sind wir nicht. Trotzdem, falls noch etwas vorkommen sollte, ruft ihr die Polizei und macht schnell Handyfotos, auch wenn sie im Zweifelsfall nicht zu verwerten sind, weil man digitale Dateien jederzeit manipulieren kann«, sagte der Kommissar und wandte sich zum Gehen.

»See you.«

»He, Peter! Glaubst du uns denn nicht?«, wollte Wolgrath wissen.

Mehrfeldt drehte sich noch einmal um.

»Doch.«

»Warum tust du dann nichts?«

»Weil ich nicht wüsste, was.«

Aber Wolgrath wusste, was zu tun war.

Während Alma am Mittag die Galerie öffnete, fuhr er nach Stuttgart und besorgte in einem einschlägigen Fachgeschäft für Sicherheitstechnik eine Überwachungskamera mit der dazugehörigen Software sowie eine Alarmanlage.

Der Verkäufer konnte ihm einen Mann in Tübingen nennen, wahrscheinlich irgendeinen Verwandten oder Verschwägerten, der das Ganze gegen einen »kleinen Obolus höchstkompetent, zeitnah und vor Ort« installieren könnte. Wolgrath kontaktierte ihn noch von Stuttgart aus und fuhr gleich zurück.

Nach nur knapp zwei Stunden waren die beiden Anlagen ganz unauffällig angebracht, die Programme aufgespielt und mit einer Cloud verbunden, die über ein Passwort auf jedem Gerät aufgerufen werden konnte.

Sobald die Galerie schloss, würde eine Kamera vom Fenster oben die Straße filmen, die Alarmanlage würde scharf gestellt werden und im Einsatzfall auch Signale an die Polizei senden. Eine wirklich lohnende Investition, fanden Alma und Niels, auch wenn in der Galerie keine übermäßig wertvollen Gegenstände ausgestellt wurden, bislang nie auch nur das Geringste vorgefallen war und man so etwas noch nie gebraucht hatte. Aber für die Zukunft – wer wusste schon, was die brachte? Und außerdem verringerten sich die Versicherungsbeiträge durch die neuen Sicherheitsmaßnahmen, zwar nicht um Vieles, aber immerhin.

Alles war nun bestens, es war sogar ein guter Grund zum Feiern, sagten sie sich am Abend, holten eine Flasche

Prosecco aus dem Kühlschrank und läuteten zusammen mit den letzten paar Besuchern der Galerie endgültig ein entspanntes Wochenende ein.

Die Woche war turbulent und arbeitsreich gewesen, also standen für den Samstag ein ruhiger Abend und frühes Zubettgehen auf dem Programm. Außerdem gab es wenig Alkohol für Niels und null Promille für Alma zu einem vergleichsweise frugalen Mahl aus Bruschette mit einer Knoblauch-Sardellen-Kapern-Rosmarin-Mischung und einem schnell gezauberten Herbstsalat aus Chicorée, Möhren, Bratbirnen und Walnüssen. Alles im Bademantel genossen zu einem Neo-Noir-Streifen in der Glotze auf Almas »Katafalk«, wie sie ihr gemütliches, quadratisches Bett voller Kissen vor einer raumgreifenden weiß-grauen Reproduktion des Gemäldes *Cristo morto* von Andrea Mantegna nannte. Das Schlafzimmer unterm Dachfirst, das sie vor einiger Zeit aus Entrümpelungsgründen mit dem »schwarzen« Arbeitszimmer auf der anderen Giebelseite ihrer kleinen Wohnung getauscht hatte, war ganz in Weiß gehalten.

Die unerfreulichen Ereignisse hatten Alma doch mehr mitgenommen, als sie selbst es sich eingestehen wollte, und sie döste noch vor dem laufenden Fernseher ein.

Wolgrath räumte auf, spülte ab und goss sich dann noch ein Glas Wein ein. Er schlenderte durch Almas Wohnung, in der sie zusammen zwar selten waren, aber wenn, war es immer etwas Besonders für ihn, denn dort hatten sie vor ein paar Monaten ihre erste gemeinsame Nacht verbracht.

Die Räume hatten den gleichen Grundriss wie die Galerie darunter. Vom Flur aus gelangte man direkt in den mittleren, größten Raum. Er war mit einem dunkelroten Flokati ausgelegt, darauf stand das neue Kanapee, ein Geschenk von Wolgrath. Es gab keine Fenster, dafür umso mehr äußerst originell gestaltete Lichtquellen. Und auf einem auf Schulterhöhe umlaufenden Bord standen Dutzende von Duftkerzen. Darunter hingen rot gerahmte Bilder, Illustrationen aus dem *Book of Kells*, über das Alma Pilic seit einiger Zeit promovierte: »säkulare Marginalia« wie etwa eine Katze mit einem riesigen erigierten Penis, eine Maus, die an einer Hostie knabbert oder eine Taube, die einer Katze in den Schwanz pickt.

Nachdem Wolgrath sich die Bilder eine Weile angesehen hatte, stellte er sein Glas ab, ging zurück ins Schlafzimmer und löschte die hohen weißen Altarkerzen, die zu beiden Seiten des Betts auf Kandelabern standen.

Mitten in der Nacht kam ein wenig Unruhe in der ansonsten ruhigen Gasse auf, außerdem wurden die Nächte nun immer kühler. Wolgrath war wach geworden. Schlaftrunken stand er auf, um das Fenster zuzumachen.

Das Lämpchen an der Kamera, die am Fenstersims angebracht war, blinkte grün, das hieß, die Kamera lief, nachdem sie ein Signal vom Bewegungsmelder bekommen hatte.

Nun war Niels Wolgrath schlagartig wach. Er klappte den Laptop auf und drückte auf die entsprechende Taste – die Aufzeichnungen der Überwachungskamera liefen durch. Zu sehen waren die Gasse und ein paar dunkle Gestalten in Kapuzen-Shirts ein Stückchen links unterhalb der Galerie. Vielleicht hatte es gar nichts zu bedeuten, es war schließlich Samstagnacht, da war eben immer einiges los in der Altstadt.

Dennoch hüllte Wolgrath sich in seinen flauschigen Bademantel und blickte noch ein Weilchen aus dem Fenster. Er hörte die jungen Männer leise sprechen, konnte aber nicht verstehen, was sie sagten, er konnte nicht einmal hören, in welcher Sprache sie sich unterhielten.

Eigenartig – wieso blieben sie hier unten stehen, fragte er sich. Das Pub war doch ein Stück weiter oben in der Straße. War das am Wochenende hier immer so? Er müsste Alma fragen. Aber wann war sie in letzter Zeit schon mal samstagnachts in ihrer eigenen Wohnung gewesen und nicht bei ihm in seinem großen Haus oben auf dem Österberg?

Irgendetwas kam ihm einfach komisch vor. Wolgrath sah sich das Ganze noch eine Zeitlang an, dann nahm er den Laptop vom Netzkabel und ging hinunter in die Galerie. Er machte kein Licht und beobachtete die Szenerie durch das große Fenster.

Was tue ich hier eigentlich, fragte er sich dann. Ich bin paranoid. Hier ist nichts. Ein paar Kids, die irgendwelche Tauschgeschäftchen machen. Früh übt sich…

Und dann kamen sie. Und dann ging die alte Schaufensterscheibe klirrend und scheppernd zu Bruch. Ein gellender, ohrenbetäubender Lärm brach los.

Niels Wolgrath riss in einem Reflex die Tür auf und stürzte auf die Straße hinaus. Er rannte einfach hinter den Typen her, hinunter ans »Faule Eck«, wie man die Kreuzung Burgsteige, Neckarhalde, Kronenstraße und Wienergässle nannte, und konnte sogar einen am Shirt packen. Die anderen liefen weiter.

Es war ein schmächtiges Bürschchen und Wolgrath im Gegensatz dazu groß und massig, außerdem leidlich nüchtern und somit im Vollbesitz all seiner Kräfte, sodass der Hänfling ihm nicht entwischen konnte. Er umschloss dessen dürren Hals mit seiner Pranke, zerrte das widerspenstige Bündel die Gasse hinauf und schob es in die inzwischen beleuchtete Galerie hinein.

Dort stand auch schon Chefin Alma, die vom Alarm geweckt worden und – auch im Bademantel – die Treppen hinuntergerannt war. Sie wirkte zwar ein wenig genervt, weil sie aus dem Schlaf gerissen und die Scheibe eingeschlagen worden war, aber keineswegs verstört. Wenn man davon absah, dass ihr das Haar wie ein barocker Strahlenkranz vom Kopf abstand.

»Wer ist das?«, fragte sie sachlich.

Wolgrath drückte den Jugendlichen auf einen Stuhl, zog ihm die Kapuze vom Kopf und stellte sich so vor ihn hin, dass er ihm jeden Fluchtweg blockierte.

»Genau. Du hast die Frage gehört, Meister. Wer bist du? Was willst du von uns? Wieso schlägst du hier Scheiben ein? Oder soll ich fragen: Wer schickt dich?«

Der Junge – klein, hager, gekrümmt wie ein Fragezeichen und mit einem Schopf rotblonder, stacheliger Haare – schaute die Herrschaften in den weißen Bademänteln mit großen, angsttrübten Augen an, als wären sie Monster aus einem Horrorfilm. Der musste ihm sicherlich umso gruseliger vorkommen, als hier alles so uralt und so vollkommen harmlos wirkte, verglichen mit Filmen, die er sich sonst vielleicht so reinzog.

»Hallo? Jemand zu Hause?«

Wolgrath bückte sich und wedelte vor dem kleinen, eingefallenen Gesicht ungeduldig mit der Hand.

Das Kid war eindeutig so zugemützt, dass es zu nichts zu gebrauchen war.

Plötzlich erfüllten schrille Sirenentöne die Altstadtgasse. Blaulicht kreiselte.

»Grundgütiger! Das ist ja wie in der Bronx – und das in diesem sonst so verschlafenen Nest!«, feixte Niels Wolgrath nun fast schon wieder amüsiert.

Und auf einmal schüttelte er lachend den Kopf, als er an die neuen Sicherheitsvorkehrungen dachte.

»Kaum zu glauben, Alma – wir haben alles richtig gemacht. Ha! Ist denn das die Möglichkeit? Dass auf dieser beknackten Scheißwelt mal tatsächlich irgendwas funktioniert? Richtig funktioniert?«

Der Junge spürte, dass er momentan nicht mehr im Mittelpunkt des Interesses stand, und wollte schnell aufspringen, aber Alma, die hinter ihm gestanden hatte, hielt ihn fest. Und an dem massiven Fels Wolgrath wäre er sowieso nicht vorbeigekommen.

»Ihr Alarmsystem hat gemeldet«, informierte der uniformierte Beamte, der als Erster durch das zerbrochene Fenster hereingestiegen war, die Versammelten.

»Genau dafür haben wir es, stellen Sie sich das mal vor! Ein Alarmsystem, das alarmiert«, sagte Alma und zwinkerte ihrem Wolgrath zufrieden zu.

»Außerdem erfüllt die Tür noch problemlos ihre Aufgabe, Sie mussten also nicht kopflos durch das Loch in der Wand steigen. Sie hätten sich böse verletzen können.«

»Ich ... «

»Schon gut, nema problema«, sagte Niels Wolgrath nur.

»Das Jüngelchen hier können Sie gleich mitnehmen. Im Moment ist er aber so fertig, dass man mit ihm nicht mal den Boden aufwischen könnte. Er war übrigens nicht der Einzige, sie waren zu viert, haben die Scheibe eingeschlagen, die anderen sind weggerannt. Schöne Kumpel!« sagte er mitfühlend zu dem Kid. »Bist echt 'ne arme Sau, Kleiner, mit solchen Freunden!«

Der Uniformierte, ein Mann in den Fünfzigern, war sichtlich genervt von dieser überheblichen Kundschaft. Er straffte sich aber und blieb förmlich.

»Was genau ist hier vorgefallen. Wer sind Sie? Wer ist der junge Mann?«

»Sag ich doch: Schaufenster eingeschlagen, Vandalismus, das Übliche. Wir sind, das heißt, meine Frau, also die hier«, Wolgrath deutete auf Alma, »ist die Betreiberin und Eigentümerin dieser Galerie. Ihren Namen kennen Sie sicherlich von der automatischen Einsatzmeldung. Den jungen Herrn sehe ich heute Nacht zum ersten Mal und er hat sich mir leider nicht namentlich vorgestellt, hat nur seine Visitenkarte in Form von Steinen hinterlassen. Sie sollten ihn jetzt einfach gleich mitnehmen und ihn morgen früh befragen, wenn er wieder einigermaßen zu sich gekommen ist.«

»Ach, und vergessen Sie nicht, ihn nach Beata Wallner zu fragen«, sagte Alma noch, dann drehte sie sich um und war schon halb im Hausflur verschwunden. »Aber wecken Sie um Gottes willen Mehrfeldt deswegen nicht!«

»Was? Wen?«

»Beata Wallner«, übernahm Wolgrath bereitwillig und betonte die Vornamen. »Peter Mehrfeldt.«

»Wer soll das sein?«

»Die Anwältin Beata Wallner ist sicherlich sein Rechtsbeistand und vermutlich sein Boss«, sagte Wolgrath und deutete auf den Jungen. »Das heißt auf gut Deutsch, der Kleine wurde gegen irgendwelche juristischen Versprechungen zu widerlichen Schmierereien und nun auch noch zu einer schlimmeren Form der Sachbeschädigung angestiftet. Er kann nichts dafür. Seien Sie also lieb zu ihm und tun Sie ihm nichts. Und Mehrfeldt ist Ihr Boss oder wie das bei Ihnen heißt. Generalfeldmarschall?«

»Hören Sie...«

»Gute Nacht, Herr Wachtmeister. Sie kennen ja den Weg.«

Alma Pilic und Niels Wolgrath fanden sich am Montagmorgen in aller Frühe im Polizeipräsidium ein, um Anzeige zu stellen und ihre Aussagen aufnehmen zu lassen.

Als Peter Mehrfeldt seinen Wagen auf dem Parkplatz abstellte, stach ihm der alte silberdistelfarbene 123er Mercedes Diesel ins Auge – Almas Karre. Aha. Da war er ja nun wirklich mal gespannt, was Alma im Präsidium wollte!

So dumm, diese blödsinnigen Schmierereien anzuzeigen, konnte sie wohl kaum sein. Also: Was war nun schon wieder vorgefallen?

Und schon kam sie ihm an Wolgraths Seite in der Eingangshalle entgegen. Mehrfeldt blieb stehen, doch die beiden gingen einfach an ihm vorüber. Niels deutete ein Nicken an, Alma würdigte den Kommissar keines Blickes.

Als würden sie ihn gar nicht kennen!

»Hallo?«, rief er den beiden hinterher, aber sie drehten sich nicht einmal um.

»He!«

Er lief ihnen nach und nahm Wolgrath am Arm, als er sie eingeholt hatte.

Wolgrath schüttelte ihn mit wütender Entschlossenheit ab. »Was ist? Was willst du?«

»Was tut ihr hier?«

»Nichts. Hat nichts mit irgendeinem deiner Fälle zu tun. Kann dir also egal sein.«

Oho. Wegen seiner Unleidlichkeit am Samstagmorgen hängten Alma und Niels nun also die beleidigten Leberwürste heraus. Na, prima! Blieb ihm denn auch gar nichts erspart?

»Niels, bitte! Es ist mir nicht egal – und das weißt du ganz genau! Also, was ist passiert?«

»Frag deinen zuständigen Kollegen, wir müssen gehen«, fuhr Alma den Kommissar barsch an und sagte ungeduldig zu Wolgrath: »Komm jetzt endlich, Niels! Wir müssen zum Glaser.«

Am Nachmittag trat Siggi Hertneck ihren Canossa-Gang an. Bewaffnet mit einer Schachtel Schnapspralinen und begleitet von ihrem Freund Manuel Soares besuchte sie in der Berufsgenossenschaftlichen Unfallklinik ihr Opfer – eine Sache, die sich einfach gehörte und zu der Manuel ihr auch in Anbetracht einer Verbindung des Verletzten mit

Beata Wallner und möglicherweise auch mit dem Mord in Venedig dringend geraten hatte.

Da Bruno Neuhäuser Soares nicht kannte und nichts von seiner und Siggis Verbindung zu Alma und Niels wusste – und damit auch nicht zu Mehrfeldt und der Tübinger Kriminalpolizei –, waren sie diesbezüglich erst einmal im Vorteil.

Nachdem sie an der Pforte die Zimmernummer des Patienten erfragt hatten, fuhren sie schweigend mit dem Aufzug ins dritte Stockwerk. Als sich die Türen zur Station öffneten, stand eine Frau vor ihnen, die sie kannten: Beata Wallner.

Sie erkannte die beiden nicht – in der Galerie war Manuel Soares zu unauffällig gekleidet gewesen und Siggi Hertneck hatte eine Maske getragen. Gott sei Dank sind Niels und Alma nicht dabei, dachte Manuel und schob seine Freundin schnell an der Frau vorbei, die nun die Kabine betrat.

»Also doch!«, sagte er, als sich die Aufzugstüren hinter ihnen geschlossen hatten.

»Ja«, sagte Siggi Hertneck nur und klopfte an die Zimmertür. Sie schluckte und drückte die Klinke hinunter.

Der Patient lag fast am ganzen Körper bandagiert im Bett und warf den Eintretenden einen fragenden Blick zu.

»Entschuldigen Sie bitte, Herr Neuhäuser«, sagte Siggi unsicher, »ich bin Sieglinde Hertneck. Ich war, ich bin ... schuld an diesem dummen Unfall.«

Bruno Neuhäuser lachte freudlos auf.

»Ich wollte mich entschuldigen, das ist wohl das Mindeste, was ich tun kann«, sagte sie mit mitleidigem Blick, »und ich wollte mich natürlich erkundigen, wie es Ihnen geht.«

»Wie es mir geht? Na, das sehen Sie ja. Andererseits – ich lebe noch. Ich hätte wahrhaftig tot sein können, so wie Sie bei Rot aus dieser Straße – wie heißt sie doch gleich? – herausgerauscht kamen und über die Kreuzung gerast sind!

Waren Sie besoffen, oder was? Na ja, ich hätte diese... Straße ohnehin nicht runterfahren dürfen, ist aber wesentlich kürzer.«

»Neue Straße. Die Straße, die Sie nehmen wollten, heißt Mühlstraße«, half Soares aus.

»Nein... Ich hatte nichts getrunken...«, stammelte Siggi. »Jedenfalls nicht viel..., noch nicht. Ich war... ich war nur ziemlich durcheinander; psychisch, meine ich.«

»Und jetzt bin ich durcheinander; physisch«, grummelte Neuhäuser. »Trotzdem – nett, dass Sie kommen. Und wo Sie schon mal hier sind, setzen Sie sich doch.«

Siggi legte die Pralinenschachtel auf das Nachttischchen des Patienten, dabei fiel ihr Blick auf einen üppigen Strauß gelber Susanna-Rosen mit rötlichem Herbstlaub.

»Das sind ja wunderschöne Blumen!«, sagte sie, weil ihr sonst nichts zu sagen einfiel.

»Ja, nicht wahr? Meine Schwester war gerade hier«, sagte Neuhäuser. »Sie ist sehr fürsorglich und immer sehr besorgt um mich.«

»Das haben ältere Schwestern so an sich«, meinte Manuel Soares, der zwar selbst keine Schwester hatte, aber nach dem zu urteilen, was von Bruno Neuhäusers braun gebranntem Gesicht noch zu erkennen war, schätzte er, dass der Mann einige Jahre jünger sein musste als Beata Wallner.

Neuhäuser blickte verwundert auf.

»Kennen Sie meine Schwester?«

»J–... Nein. Woher auch sollten wir sie kennen?«, beeilte sich Soares zu sagen. »Ach, wissen Sie..., es war nur eine Vermutung – ältere Schwestern sind normalerweise die fürsorglichen Mitglieder der Familie.«

»Ja, das ist wohl wahr. Unsere Mutter ist früh gestorben und damals, in den Sechzigerjahren, war es noch üblich, dass die Tochter den Haushalt übernahm, wenn sie alt genug war. Ein Wunder, dass Beata doch noch die Kurve gekriegt und eine gute, solide Ausbildung genossen hat. Sie ist übrigens Rechtsanwältin hier in Tübingen. Strafrecht. Jugendrecht.«

»Im Unfallprotokoll habe ich gesehen, dass Ihr Wagen ein Stuttgarter Kennzeichen hat«, sagte Siggi.

»Ja, ich wohne und arbeite in Stuttgart. Letzte Woche, als dieser blöde Unfall passiert ist, wollte ich nach einem Termin in der Nähe von Tübingen noch kurz meine Schwester besuchen.«

»Sie haben offensichtlich ein sehr enges Verhältnis zu ihr«, bemerkte Soares. »Haben Sie noch mehr Geschwister?«

»Wie gesagt, Beata war wie eine Mutter zu mir.« Neuhäuser sah auf einmal ganz verdutzt auf. »Aber wieso wollen Sie das denn alles wissen?«

In diesem Moment klopfte es und ein zumindest Siggi und Manuel bekanntes Gesicht erschien in der Tür.

Soares hätte sich gewünscht, dass sich der Erdboden auftat und ihn verschlang, aber er hielt Mehrfeldts Blick mit provozierendem Trotz stand. Er konnte nicht genau sagen, ob der Kommissar wirklich und wahrhaftig so stinksauer war, wie er aussah.

»Hier geht es ja zu wie auf dem Rossio!«, sagte Soares schnell und meinte damit den belebten, großen Platz in Lissabons Stadtmitte. »Ihre Besucher geben sich die Klinke in die Hand.«

Jovial lachend schlug er sich auf den Schenkel – er wunderte sich selbst, dass er zu so etwas fähig war – und stand auf.

»Na, dann wollen wir nicht länger stören. Gute Besserung weiterhin! Wir kommen lieber ein andermal wieder vorbei.«

Auch Siggi Hertneck erhob sich schnell und erleichtert, alles hinter sich gebracht zu haben, entschuldigte sich nochmals und vielmals und wünschte dem Patienten die allerbeste Genesung.

An der Tür bedachte Peter Mehrfeldt die beiden mit einem wortlosen, aber stechenden »Wir-sprechen-uns-noch« aus seinen dunklen Augen.

Die Woche über hatte Peter Mehrfeldt des Öfteren bei Manuel Soares angerufen, ihn jedoch nie erreicht. Erreicht hatte er jedoch Niels Wolgrath und hatte sich am Mittwoch nach Feierabend noch kurz auf einen Versöhnungsschluck bei Camillo mit ihm getroffen.

Man konnte sagen, was man wollte, und von ihm halten, was man wollte, nachtragend war Niels Wolgrath nicht. Er hatte den Kommissar – obwohl dieser sich »einen Scheiß« um ihre Probleme gekümmert hatte – dann auch ganz selbstverständlich für den Freitagabend zu einem Umtrunk mit herbstlichen Snacks und anderen Köstlichkeiten am Kaminfeuer auf den ehemaligen »Musenhügel«, den Österberg, eingeladen, wo Peter Mehrfeldt nun auf eine Begegnung mit Soares hoffte.

Alma Pilic öffnete ihm die Tür.

Bei ihrem Anblick musste Mehrfeldt unweigerlich lachen. Sie hatte ihr Haar blutahornrot getönt und locker aufgesteckt und trug ein langes, hochgeschlossenes Strickkleid mit herbstbunter Färbung und breiten Biesen, gezackt wie der Rand eines Eichblatts.

»Hat's dich gerade vom Baum geweht?«

»Na, so charmant bin ich wirklich schon lange nicht mehr begrüßt worden.« Ärgerlich knallte Alma die Tür hinter Mehrfeldt zu. »Du kennst ja den Weg«, sagte sie nur und verzog sich mit einem verächtlichen »Rottenburger Stoffel, blöder!« in die Küche.

Ja, Peter Mehrfeldt kannte den Weg. In diesen Wänden

habe ich mir schon ganz andere Dinge anhören müssen, als lediglich ein Stoffel genannt zu werden, dachte er mit einem leisen Lächeln. Und was nicht alles! Wichser, Möchtegern-Kommissar, Beamtenarschbreitdrücker, der Henker persönlich, gehirnamputierter Idiot ...

Aber er hatte es Sherlock Wolgrath und Dr. Soares-Watson mit gleicher Münze zurückgezahlt, bar und mit Zins und Zinseszins, und krummgenommen haben die beiden es ihm eigentlich nie, jedenfalls nie lange.

Im großen Wohnzimmer empfing ihn im Schein hoher Kerzen und des prasselnden, wärmenden Kaminfeuers und vor dem musikalischen Hintergrund der »Feuilles mortes«, interpretiert von Juliette Gréco, eine fröhliche Runde, bestehend aus Niels Wolgrath, Francesca Pilic, wie immer ganz in Schwarz gekleidet, ihrem Freund Achim Kull und zwei unbekannten Gesichtern.

Der junge Mann stellte sich als Harald Schuler vor, Student der Theaterwissenschaften in Berlin, ein Freund von Kull und, wenn er im Ländle war, ein sehr begehrter und vor allem sehr kreativer Helfer bei Almas spektakulären Vernissagen.

Der ältere Herr, ein Herr Schmitz, stellte sich als väterlicher Freund der Pilic-Schwestern heraus. Wegen seiner stämmigen Statur, des dichten, drahtigen graumelierten Haars, wegen des abstehenden, an den Enden ausgefransten Schnurrbarts und seiner hellbraunen Augen – und nicht zuletzt wegen der dicken Torpedo-Zigarren, die er hin und wieder so gern paffte – nannten die beiden ihren kroatischen Onkel liebevoll auf Italienisch Gatto Carlo – Kater Carlo.

»Wo sind denn Siggi und Manuel?«, fragte Peter Mehrfeldt nach der allgemeinen Begrüßung. »Wollten sie heute Abend denn nicht auch kommen?«

»Ich habe nicht den allerblassesten Schimmer. Wahrscheinlich wird unser lieber Manuel wie immer zu irgendeinem

Zeitpunkt des Jahres von den üblichen und allfälligen Semestervorbereitungen aufgehalten. Oder sind es noch die Nachbereitungen? Wer kann das schon wissen?«, spottete Niels Wolgrath.

Er hatte sich wohl oder übel daran gewöhnen oder einfach damit abfinden müssen, dass sein Freund am Anfang und am Ende des Semesters in Arbeit erstickte – zumindest behauptete Soares das. Niels Wolgrath wusste aber auch, dass Manuel dies gerne vorschob, wenn ihm etwas nicht in den Kram passte oder wenn er einfach allein sein wollte. Dazu gab es aber heute, wie Wolgrath meinte, keinen Grund.

»Er wird schon noch kommen.«

Mehrfeldt nahm ein Glas mit funkelndem Rotwein entgegen und warf dem Herbstblatt, das mit einer riesigen Platte voller knuspriger Crostini hereinwehte, seinen gewinnendsten Blick zu.

Alma sah es wohl, doch sie sagte zu Francesca, die ihre neuesten Modeschöpfungen immer erst an ihrer großen, schlanken Schwester mit den »praktischen Maßen« testete:

»Unserem Lieblingskommissar gefällt deine diesjährige Fall-Foliage-Creation nicht, Franzy. Möglicherweise hast du dich wegen Geschmacksverirrung oder gar der Verletzung des öffentlichen ästhetischen Empfindens strafbar gemacht, wegen spätpubertärer Entgleisungen oder was auch immer. Bei der fleißigen Tübinger Polizei kann man schließlich nie wissen, was sie einem so mir nichts, dir nichts anhängt.«

»Alma!« Mehrfeldt atmete laut aus. Er wusste nicht mehr, was er sagen sollte.

»Hast etwa du heute gekocht?«, fragte er stattdessen.

»Ich koche nie. Das solltest du mittlerweile wissen. Dafür gibt es ja genügend andere Leute, die am Herd Schlange stehen«, sagte sie mit einem vielsagenden Blick in die Runde. »Außerdem sind das überbackene Schnittchen – nicht gekocht, sondern belegt. Von Harald und Achim.«

»Aus euch kann ja noch was werden, Harald und Achim!«, unterbrach Niels Wolgrath schnell das Geplänkel.

Er wusste, dass man Alma nicht so leicht wieder besänftigen konnte, wenn sie erst einmal angesäuert war.

Auch Carlo Schmitz schien dies zu wissen.

»Ja, wahrhaft deliziös«, stimmte er zu. »Jedenfalls hast du es wunderbar angerichtet, Alma, und so überaus schwungvoll dargereicht!«, lachte er, nachdem ihm das ölige Crostino fast auf die Hose geplumpst wäre.

Er sprach mit einem Akzent, den Peter Mehrfeldt nicht einordnen konnte.

Wolgrath stand auf, nahm Alma die Platte ab und zog seine Freundin an sich.

»Du bist sooo süß, wenn du sauer bist!«, säuselte er und küsste sie, bevor sie den »Doofkopf« noch richtig artikulieren konnte.

»So, und jetzt vertragen wir uns alle wieder!«

Alle lachten. Auch Alma.

Versöhnlich setzte sie sich zwischen den Doofkopf und den Rottenburger Stoffel auf den hochflorigen Teppich.

Nach einem einleitenden Gespräch über das beste Feuerholz für den Kamin und das beste Olivenöl für die Crostini, bei dem Herr Schmitz erstaunliche Sachkenntnis an den Tag legte, und nach ein paar lustigen Anekdoten, die Kulls Freund Harald Schuler aus dem Landestheater Tübingen zum Besten gab, wo er gerade hospitierte, kam Wolgrath zur Sache:

»Und was gibt's bei dir Neues, Kommissar?«

Peter Mehrfeldt wusste natürlich, dass Niels den Venedig-Fall meinte. Und natürlich die neuen Vorfälle von Vandalismus in der Burgsteige. Er ließ seinen Blick erst skeptisch durch die Runde schweifen, denn in Anwesenheit der beiden Fremden war er sich zunächst eher unsicher, was und ob er überhaupt etwas sagen sollte.

»Ach, nichts Weltbewegendes. Das Übliche.«

»Das Übliche, aber charmant«, flapste Wolgrath, dann aber wurde er ernst. »Du kannst offen reden. Hier sind alle eingeweiht«, sagte er ganz selbstverständlich, »wir haben heute sogar einen Spezialisten hier.«

»Dann ist es ja gut«, versetzte Peter Mehrfeldt so trocken, dass er auf diese konsternierende Neuigkeit hin erst einmal einen tiefen Schluck aus dem Glas brauchte.

Einen Spezialisten – wofür? Unglaublich, dachte er. Wenn ich es mir genau überlege – wie konnte ich mich nur mit diesen Amateurkriminalisten einlassen? Immer wuseln sie mir bei meinen Ermittlungen zwischen den Beinen herum. Hoffentlich stolpere ich nicht eines Tages über Wolgrath oder Soares oder einen anderen der hier Anwesenden und muss meine Karriere wegen Verletzung von Dienstgeheimnissen, wegen Einmischung in fremde Zuständigkeitsbereiche oder gar wegen Amtsanmaßung an den Nagel hängen.

Er, der ewige Zweifler und Skeptiker, zweifelte langsam an sich selbst, doch irgendwie, aus völlig unerfindlichen, irrationalen Gründen, vertraute er den beiden – und ihren Freunden, die mittlerweile auch die seinen geworden waren. Wenn er mit ihnen zusammen war, entstand in ihm ein luftleichter Ort, an dem die Linearität der Zeit umgangen wurde, ja an dem die Zeit zur Gänze ausgesetzt schien. Diese Menschen spülten den Staub von seiner Seele und die Schwere aus seinem Herzen.

Dennoch fühlte er sich selbstverständlich bemüßigt, in diesem Punkt Klarheit zu schaffen.

»Sollte auch nur ein Wort von allem, was ich euch jemals gesagt habe – und wenn ich sage alles, dann meine ich auch alles, nicht nur, was ich heute und jetzt sage, sondern auch, was wir überhaupt je besprochen haben –, sollte also einer von euch irgendetwas, auch nur ein Sterbenswörtchen ausplaudern, das nicht für fremde Ohren bestimmt ist und das mit dem Effekt meiner Suspendierung wieder auf mich zurückfallen könnte, dann«, er hielt inne und sah der Reihe nach alle an, »dann gnade euch Gott!«

»›Gott erbarme sich mein, der mit niemand Erbarmen kannte‹«, tönte es sonor aus dem dunklen Flur.

Alle erschraken, doch dann standen schon Manuel Soares und Siggi Hertneck im Raum. Manuel hatte einen Schlüssel in der Hand und Siggi einen Korb am Arm, dessen Inhalt ein modrig-scharfes Aroma verströmte.

»Was habt ihr denn für ein gottbegnadetes Thema? So früh schon am Abend. Aber olá erst mal. Mm, wie das duftet! Was gibt es denn?«, fragte Soares.

»Zu deiner letzten Frage: Ihr kommt zu spät. Die Crostini sind schon aufgefressen«, erklärte Wolgrath.

»Na, dann gehen wir doch umgehend in die Küche und sorgen für Nachschub.«

Soares und Siggi machten auf dem Absatz kehrt.

Herr Schmitz, der der Tür am nächsten saß, hatte den Inhalt des Korbs gesehen.

»Ist der zweite Gang geplant oder wird das ein Impromptu, bei dem wir auf Gottes Gnaden hoffen müssen?«

»Keine Sorge, Signore Carlo, Manuel nimmt es sehr genau beim Pilzesammeln, er ist schließlich Lusitanist«, sagte Wolgrath, als sei damit alles geklärt.

»Er ist bei allem sehr akribisch; das können Sie als Wissenschaftler sicherlich nachfühlen«, beruhigte er den älteren Mann, dessen Stirn sich in tiefe Sorgenfalten gelegt hatte, und wandte sich lächelnd an Mehrfeldt:

»So, nach deiner eindringlichen und eindrücklichen Vorrede darfst du jetzt also endlich und ganz unbesorgt meine Frage nach deinen Neuigkeiten beantworten.«

»In Bezug worauf? Schmierereien und Vandalismus? Oder Canova und Casanova?«

»Egal, fang einfach irgendwo an. Es hängt sowieso alles miteinander zusammen«, sagte Wolgrath mit einer Handbewegung, die wohl die ganze Welt mit einschließen wollte.

Peter Mehrfeld sah ihn verblüfft an.

»Aha. Danke für diese so überaus präzise Auskunft. Aber hilf dem geistig Armen weiter: Was hängt zusammen?«

»Der Vandalismus hier und der Mord an Canova dort«, übernahm Alma die Erläuterung. Sie holte tief Luft, um mächtig Dampf bei Mehrfeldt abzulassen. »Hab ich doch die ganze Zeit gesagt, oder? Aber der Herr Kriminalhauptkommissar wollte es ja nicht glauben, wollte nichts davon hören und sich schon gar nicht damit befassen, weil es erstens nicht sein Fall sei, nicht sein Dezernat, und weil zweitens keine ausreichende Handlungs-...«

Der angesprochene Kriminalhauptkommissar wusste mal wieder nicht, ob er lachen oder weinen sollte. Was war das jetzt wieder? Hörte es denn nie auf?

»Alma...«

Aber Alma hatte sich herrlich in Rage geredet.

»...Handlungsgrundlage vorliege. So. Und jetzt hat sich herausgestellt, dass mir eine vollkommen unbescholtene Beata Wallner, Fachanwältin für Jugendrecht, nach dem Vorfall bei der Vernissage ein paar Kids auf den Hals gehetzt hat, die sie irgendwann irgendwie bei irgendwas rausgehauen hat und die ihr etwas schuldig waren oder denen sie weiß Gott was versprochen hat.«

Als Peter Mehrfeldt sich wieder gefasst hatte, fragte er: »Woher weißt du das?«

»Meine Galerie ist seit Kurzem mit der neuesten Sicherheitstechnik ausgestattet. Überwachungskamera, Alarmanlage. Das braucht man, weil die Polizei einem weder helfen noch einen schützen kann. Aber ich will nicht ungerecht sein, immerhin haben sich deine zuständigen Kollegen tatsächlich darum gekümmert. Ach, und falls du es noch nicht weißt – in der Nacht von Samstag auf Sonntag haben diese Jugendlichen mir die Schaufensterscheibe der Galerie eingeschlagen. So, das war das. Und jetzt bist du dran!«, sagte sie aggressiv zu ihm und stach ihm mit dem Zeigefinger fast ins Auge.

Das musste der Kommissar erst einmal verdauen. Nachdem er von Alma zu Niels und von Niels wieder zu Alma geblickt hatte, sagte er langsam:

»Das mag ja alles so gewesen sein. Aber was soll das denn mit dem Tod von Canova zu tun haben, Alma?«

Doch als weder Alma noch Niels antworteten, lehnte der Kommissar sich schnaufend zurück und sagte kleinlaut:

»Na gut. Beata Wallner und Bruno Neuhäuser sind tatsächlich Geschwister...«

»Olle Kamellen. Das hat Manuel schon im Krankenhaus ermittelt«, unterbrach Wolgrath ihn ungeduldig. »Erzähl uns zur Abwechslung mal etwas Neues, Commissario.«

Mehrfeldt seufzte kopfschüttelnd.

»Ja, ja, ja... Vielleicht sollten wir einfach tauschen – ihr macht meinen Job, und ich mache euren! Und was habt ihr sonst noch so... ermittelt, wenn ich fragen darf?«

Wusste eigentlich jeder Zivilist hier mehr als die ganze Polizei zusammen, fragte er sich resigniert.

»Jetzt hab dich doch nicht immer so, Peter!«, verlangte Wolgrath. »Du bist echt eine Mimose. Ermittelt im engeren Sinne haben wir ja gar nichts, wir haben lediglich im weiteren Umfeld ein bisschen recherchiert. Almas und Francescas Vater war ja aus Istrien und das hat uns auf eine wichtige und, wer weiß, vielleicht auch die goldrichtige Spur gebracht.«

Wolgrath warf Carlo Schmitz einen kurzen und sehr bedeutungsvollen Blick zu.

»Eine Spur«, wiederholte Mehrfeldt tonlos, wartete aber gespannt auf die Fortsetzung, denn Manuel und Niels waren schon in der Vergangenheit öfters auf der richtigen Spur gewesen, wie er auch jetzt wieder neidlos anerkennen musste.

Außerdem hatte er bei einem Telefongespräch mit Lucio Lunetti erfahren, dass es im Mordfall Canova bislang nicht einmal den Ansatz eines Fadens gab, mit dem man diese mysteriöse Geschichte in den Griff bekommen und aufdröseln könnte. Auch die alte Mutter des Toten, die sich nach einem Krankenhausaufenthalt gemeldet hatte, weil sie ihren Sohn vermisst hatte, war ahnungslos in Bezug auf das, was ihrem Sohn zugestoßen war und vor allem warum – um nicht zu sagen, dass sie an einer beginnenden Demenz litt und der venezianischen Polizei nicht weiterhelfen konnte.

Doch statt Wolgraths Fortsetzung kam Siggi Hertneck in einer Dampfwolke mit einer großen Schüssel Nudeln herein, Manuel folgte mit der noch brutzelnden Pilzpfanne.

»Kann ich behilflich sein?«, erkundigte sich Herr Schmitz höflich. »Bevor ich in die ewigen Wissenschaftsgründe eingehe, würde ich mich gerne noch einmal nützlich machen.«

Wolgrath lachte.

»Manuel, darf ich dir Dr. Carlo Schmitz vorstellen?«

»Manuel Soares«, sagte Soares lachend, stellte seine Freundin vor, weil Wolgrath dies natürlich – absichtlich oder unabsichtlich – unterlassen hatte, und gab Herrn Schmitz die Hand.

»Sie sind doch nicht etwa mit Ettore verwandt?«

Diese Anspielung verstand Wolgrath nicht.

»Ettore? Wer soll denn das schon wieder sein?«

Doch er wartete die Antwort gar nicht erst ab.

»Herr Schmitz ist ein Kollege von dir, Manuel. Universität Zagreb, zwar ist er kein Philologe, dafür aber Historiker. Er hat in diesem Semester eine Gastdozentur in Tübingen, er liest über das politisch-ethnische Spannungsfeld in der ostadriatischen Küstenregion.«

»Holla! Das klingt ja wirklich aufregend«, meinte Soares aufrichtig interessiert und füllte die Teller. »Erzählen Sie doch von Ihrer Arbeit«, forderte er Carlo Schmitz auf.

Das war dem kroatischen Dozenten nur recht – konnte er doch nicht gleichzeitig essen und erzählen, was ihm unauffällig die Gelegenheit gab, nur hier und da eine Nudel aufzuspießen und mit der Gabel um die verdächtig aussehenden Schwammkörper auf dem Teller herumzumanövrieren.

»Die adriatische Küstenregion in der nördlichsten Bucht des Mittelmeers, ›dieser äußersten Bucht, wo die Adria vergessen hat, dass sie zum Erdkreis gehört…‹«

»›… wo das Meer in Nebelbänken zerfließt und hinter sandigen Inseln verbrackt, wo der Blick sich vom Wasser abwendet und hinaufwandert in den rauen Karst…‹«, dichtete Manuel Soares ganz gedankenverloren weiter.

Alle sahen ihn an.

»Sie scheinen sich dort gut auszukennen, Herr Soares.«

»Ja, ich war mal in Triest, das ist aber schon viele Jahre her, ich hatte als junger Mann eine Svevo-Phase.«

Ungläubig starrten alle ihn an. Wie konnte ein Lusitanist eine Triest-Phase oder so etwas haben? Und wer zum Teufel war Svevo?

»Ist Svevo nicht eher etwas für ältere Herrschaften?«, fragte Harald Schuler schelmisch. »Aber Slataper und vor allem Saba sind auch nicht zu verachten«, wusste er.

»Herrje, was seid ihr alle gescheit!«, sagte Alma mampfend und schielte Soares von der Seite an. »Dann bekommen wir jetzt vielleicht mal etwas anderes zu hören als immer nur deinen alten Pessoa, den wir mittlerweile auswendig kennen.«

Den Gefallen tat ihr Soares unverzüglich:

»›Triest ist von widerborstiger Grazie. Wem es gefällt, / Dem erscheint es wie ein grüner, gieriger Bursche / Mit blauen Augen und zu großen Händen, / Um eine Blume zu schenken; / Wie eine schmerzliche Liebe.‹«

Carlo Schmitz lachte leise.

»Ja, das Küstenland hatte eine sehr wechselvolle und einerseits sehr ruhmreiche Geschichte unter den Habsburgern, andererseits durchlebte es eine sehr schmerzvolle Zeit in, zwischen und nach den Weltkriegen.«

Er hielt kurz inne und blickte lauernd auf Reaktionen in die Runde. Alle hörten ihm gebannt zu und er fuhr fort:

»Bei der Gründung des Königreichs Italien wehrten sich die anderen Bevölkerungsgruppen natürlich gegen eine Eingliederung der größtenteils italienischsprachigen Gebiete an der Adria, doch die Italianità konnte sich durchsetzen, auch wenn Deutschsprachigkeit in den oberen und mittleren Schichten der Region immer noch selbstverständlich war.«

»Eben«, sagte Manuel Soares und sah Wolgrath an.

»Und so kommt Ettore ins Spiel, Ettore Schmitz, der mit dem Künstlernamen Italo Svevo seiner gemischten Herkunft als italienischer Schwabe Rechnung trug.«

»Um meinen Exkurs kurz zu beenden«, sagte Kater Carlo: »Nach dem Ersten Weltkrieg ging Triest an Italien. Im Zweiten Weltkrieg kam die deutsche Besatzung, danach kamen die jugoslawischen Partisanen. Triest wurde 1954 zwar wieder Italien angegliedert, die Grenze zu Jugoslawien wurde aber erst 1975 festgelegt.«

Dann wandte er sich an Manuel:

»Ich bin übrigens nicht mit Ettore Schmitz verwandt, Herr Soares, aber auch ich bin gemischter Herkunft – in meiner Familie gab es schon zu Zeiten meiner Großeltern Mischehen. Mein Vater ist der Spross einer österreichisch-italienischen Verbindung. Er wiederum verliebte sich in eine Kroatin. Daraus bin unter anderem ich entstanden. Meine Mutter stammte aus demselben Dorf wie Almas und Francescas Großmutter väterlicherseits, vielleicht oder wahrscheinlich sind wir sogar um ein paar Dutzend Ecken verwandt, aber das ist ja auch egal. Jedenfalls schließt sich so der Kreis – und ich bin hier. Wie schön!«

Carlo Schmitz hatte sich hungrig geredet. Er sah, dass alle mit großem Appetit und wohl auch mit großem Gottvertrauen aßen. Nicht nur, dass alle noch lebten – keiner der Anwesenden zeigte Symptome drohender Ohnmachten oder letaler Erstickungsanfälle, und so tauchte auch er schließlich todesmutig die Gabel in die Pilze.

Peter Mehrfeldt hatte die ganze Zeit aufmerksam zugehört.

»Das ist wirklich ein hoch spannendes Thema. Und wie immer bei den Wechselfällen der Geschichte sind Menschen beteiligt – die einen profitieren, die anderen verlieren, kommen unter Umständen ums Leben. Dabei kommt es zu Konflikten, die entweder unlösbar sind oder nur mit Gewalt beherrscht werden können.«

Er sah Wolgrath interessiert an.

»Ist das die Spur, auf die du mich führen wolltest? Eine gemischte Familie Neuhäuser-Canova im politisch-ethnischen Clinch des adriatischen Küstenlandes?«

»Könnte doch sein, oder?«

»Erstens«, sagte der Kommissar mit erhobenem Zeigefinger, »beide Neuhäusers sind in Stuttgart geboren, es gibt übrigens in Deutschland, Österreich, in der Schweiz und sicherlich auch in Belgien und Luxemburg und sonst wo zig Menschen dieses Namens. Und zweitens: Canova ist gebürtiger Venezianer.«

»Und die Eltern der Neuhäusers? Und Canovas Eltern? Woher kamen sie?«

»Niels, ich bin Kriminalist, kein Ahnenforscher!«

»Man könnte die DNS vergleichen«, schlug Alma vor.

Mehrfeldt starrte kopfschüttelnd ins Feuer und zündete eine Zigarette an.

»Mensch, Mensch... Nur weil Beata Wallner unserem lieben Niels eine gescheuert hat, kann ich doch keine DNS von ihr nehmen! Wie soll denn das gehen? Noch mal für alle: Abgesehen von Niels' Anzeige wegen Körperverletzung – und nun noch wegen ihrer Anstiftung von Jugendlichen«, er sah Alma vielsagend an, »war die Wallner ihr Leben lang – bis jetzt! – eine unbescholtene Bürgerin mit einer reinen Weste, wie sie unbescholtener und reiner nicht sein könnten. Und das gilt erst recht für ihren Bruder.«

Der Kommissar der Runde hatte nach der psychischen und physischen Stärkung mit Flüssigem und Festem wieder einiges an Oberwasser bekommen.

»Schon allein das macht sie höchst verdächtig«, knurrte Wolgrath nach einem kräftigem Schluck Wein.

»Niels, bitte!« Mehrfeldt war lauter geworden. »Ich will davon nichts mehr hören. Dieser Fall Canova geht mich nichts an, gar nichts – und darüber bin ich wirklich heilfroh. Ich kann nämlich sehr gut ohne unaufgeklärte Morde an irgendeinem Ende der Adria leben. Also, ich warne euch ein letztes Mal: Ich will keinen mehr in der Nähe der Wallner oder«, er warf Soares und Siggi einen bösen Blick zu, »in Neuhäusers Nähe sehen. Sonst lasse ich euch wegen allem verhaften, was mir nur einfällt – und Amtsanmaßung und Behinderung der polizeilichen Ermittlungsarbeiten werden dabei nur geringfügige Anklagepunkte sein. Habe ich mich dieses Mal klar und deutlich und für jeden verständlich ausgedrückt?«

»Willst du uns in Sippenhaft nehmen?«, gluckste Kull.

Carlo Schmitz kicherte leise. Er steckte sich nun endlich eine seiner Lieblingszigarren an und lehnte sich entspannt zurück, nachdem er das Essen tatsächlich unbeschadet überstanden hatte.

Harald Schuler, der sich während Mehrfeldts Standpauke das Lachen verkniffen hatte, prustete nun laut heraus:

»Das ist ja besser als im Theater! Zu euch komme ich öfter!«

Peter Mehrfeldt fiel nicht nur fast, sondern wirklich der Hörer aus der Hand, als er sechs Tage später einen Anruf von Lucio Lunetti aus Venedig bekam, der die deutschen Kollegen abermals um Amtshilfe ersucht hatte und ihm mitteilte, dass er am Sonntagabend auf dem Flughafen Stuttgart-Echterdingen ankomme und am Montag und Dienstag Beata Wallner vor Ort befragen wolle.

Es hatte sich nämlich herausgestellt, dass die DNS von Frau Wallner Übereinstimmungen mit der DNS von Herrn Canova aufwies, die darauf schließen ließen, dass die beiden, wenn nicht Voll-, so doch zumindest Halbgeschwister waren.

Bevor Mehrfeldt ihm sagte, dass da noch ein Bruder beziehungsweise Halbbruder von Canova im Spiel war, wollte er wissen, woher Lunetti einen Genträger von Beata Wallner bezogen habe und in welcher Form dieser Träger vorliege. Und vor allem wollte er ganz dringend eines wissen: Wozu das Ganze?

»Ich habe ein Tütchen mit Haaren bekommen und einen Brief dazu – in ganz passablem Italienisch übrigens –, in dem ausgeführt wurde, dass da möglicherweise ein Zusammenhang besteht.«

»Einen Brief? Von wem?«

»Er trug keinen Absender und auch keine Unterschrift. Den Poststempel konnte ich nicht entziffern, die Briefmarken waren jedenfalls aus Deutschland.«

Aus Deutschland. Und das Tütchen mit den Haaren trug ganz sicher Fingerabdrücke, so viel stand für Mehrfeldt fest. Und er wusste auch, von wem die waren.

Die Galerie an der Burgsteige war geschlossen, das kaputte Fenster noch mit einer Spanplatte verrammelt. Oben in ihrer Wohnung war Alma auch nicht, jedenfalls reagierte niemand auf sein Rufen. Vielleicht war sie bei Niels Wolgrath.

Auf dem Österberg angekommen machte Mehrfeldt sich

nicht die Mühe zu klingeln, er ging über die sonnige Terrasse und klopfte ans Fenster.

Wolgrath, versunken in die graphische Verbesserung der Welt, erschrak zu Tode.

»Spinnst du?«, schrie er durchs gekippte Fenster.

»Aufmachen!«

Wolgrath riss die Augen auf, machte aber keinerlei Anstalten, die Terrassentür zu öffnen.

»Wie redest du mit mir? Was erlaubst du …?«

»Wo ist Alma?«

»Das weiß ich doch nicht! Bin ich ihre Gouvernante? Und überhaupt – was willst du denn von ihr?«

»Oder warst du das?«

»Was? Was war ich?«

Wolgrath war aufgesprungen und stand fuchtelnd vor dem Fenster.

»Hatte ich euch nicht gesagt, dass ihr euch verdammt noch mal aus dem Fall Canova heraushalten sollt? Und das war keine Bitte, sondern eine polizeiliche Anordnung!«, schrie der Kommissar, der sonst die Ruhe selbst war, wutentbrannt.

Wolgrath wich einen Schritt vom Fenster zurück. So kannte er Peter Mehrfeldt gar nicht.

»Wieso? Was ist denn passiert?«

»Was passiert ist? Tu verdammt noch mal nicht so scheinheilig! Lucio Lunetti, mein Kollege, der Kommissar aus Venedig, hat einen anonymen Brief mit Genmaterial von Beata Wallner bekommen. Aus Deutschland.«

»Ach das.«

»Ach das! Ach das! Ja, ganz genau das! Schön, dass es dir jetzt wieder einfällt!«

Trotz seines Gebrülls hörte Mehrfeldt einen Diesel kommen und quietschend bremsen. Dann schlug eine Tür zu. Kurz darauf erschien Alma in Niels Arbeitszimmer, immer noch mit herbstroter Mähne, aber in jahreszeitlich neutralen

Jeans. Sie blieb stehen und beobachtete amüsiert die beiden Herren, die sich, durch ein Fenster getrennt, anschrien und wütend gestikulierten.

»Als Puffer eignet sich Glas aber nicht besonders gut, wie ich seit letztem Samstag weiß.«

Sie öffnete die Terrassentür.

»Wieso regt ihr euch denn so auf?«

Peter Mehrfeldt fiel auch gleich mit der Tür ins Haus. Er packte Alma am Arm.

»Für diesen anonymen Brief an Lunetti verlange ich auf der Stelle eine Erklärung.«

»Jetzt krieg dich mal wieder ein!« Alma schüttelte ihn ab. »Du wolltest ja nichts unternehmen. Außerdem ist es nicht dein Fall, hast du gesagt. Und so habe ich die Sachen eben an Lunetti geschickt – dessen Fall es ja ist. Also geht dich das gar nichts an.«

»Und ob mich das etwas angeht, verdammte Scheiße noch mal! Woher hattest du die Haare? Hast du der Wallner aufgelauert und sie ihr vom Kopf gerissen?«

»Sie lag ja halb ohnmächtig bei mir in der Wohnung«, sagte sie lächelnd, »und da habe ich gedacht, vielleicht finde ich noch Haare von ihr auf meinem Kanapee und kann damit etwas anfangen. Etwas Erhellendes, etwas Bahnbrechendes.«

»Du scheinst ja sehr oft zu putzen!«, meinte Mehrfeldt, der sich langsam wieder ein wenig beruhigte.

»Ich bin eben eine viel beschäftigte Frau – und mein Butler hat Urlaub«, kicherte Alma Pilic belustigt. »Außerdem ist das nicht strafbar und kann dir und der Polizei vollkommen schnurz sein. Und mein Kanapee ist brandneu!«

»Kennst du eigentlich den Begriff Datenschutz, Alma?«, zischte der Kommissar. »Oder hast du schon mal was von so etwas Ominösem wie Persönlichkeitsrechten gehört? Ich meine nur – rein zufällig und ganz vielleicht?«

»Pah, red doch nicht! Damit nimmt es in Italien doch keiner so genau.«

»Ach so! Na klar. Du glaubst doch nicht wirklich allen Ernstes...?«

»Was ist denn jetzt mit den Wallner-Neuhäuser'schen Genen?«, unterbrach ihn Wolgrath, bevor Mehrfeldt sich erneut aufregen konnte. »Hat sich etwas ergeben?«

»Natürlich hat sich etwas ergeben, sonst wäre der Herr Kriminalhauptkommissar wohl kaum hier!«, blaffte Alma. »Ich habe die polizeilichen Ermittlungen also nicht behindert, sondern vorangetrieben und vor allem und überhaupt erst einmal in Gang gesetzt, weil so manch ein Staatsdiener zu bequem ist und sich erst gar nicht die Finger schmutzig machen will. Strombone!«, setzte sie nach.

»Jetzt lass bitte mal die Kirche im Dorf, Alma!«, fuhr Mehrfeldt sie an.

Aber er musste sich geschlagen geben. Seufzend ließ er sich auf Wolgraths Schreibtischstuhl fallen.

»Lunetti kommt am Sonntag.«

Alma war begeistert.

»Das ist ja toll!«

Auch Wolgrath war gleich Feuer und Flamme.

»Das müssen wir bei Camillo feiern.«

Peter Mehrfeldt starrte die beiden nur an; er konnte es einfach nicht fassen – diese Kindsköpfe!

»Commissario Lunetti kommt nicht zum Feiern, er kommt zum Arbeiten.«

»Auch und gerade arbeitende Menschen müssen essen. Die Eselchen, unsere Körper, brauchen Futter, sonst fällt einem das Hirn in den Bauch.«

»Aber vielleicht will er eher etwas Schwäbisches...«

»Quatsch!«, riefen Alma und Niels unisono.

»Kein Italiener kann ohne seine Pasta leben«, wusste Wolgrath und bestellte sofort telefonisch für Sonntag einen Tisch im *da capo*.

Mehrfeldt fasste sich an den Kopf, als wollte er verhindern, dass er ihm abfiel.

»Was soll es denn da zu feiern geben? Dass die Neuhäusers mit Canova verwandt sind, beweist doch gar nichts.«

»Entspann dich, Peter. Das besprechen wir alles in Ruhe auf der Terrasse in der Abendsonne beim Aperitif. Manuel hat nämlich einen wunderbaren Moscatel de Setúbal aus dem Urlaub mitgebracht. Ach, wisst ihr was? Ich rufe ihn am besten gleich an – er soll herkommen. Dann muss ich nachher nicht alles noch mal erzählen.«

Peter Mehrfeldt trat auf die Terrasse. Nicht zum ersten Mal verfluchte er sich und sein Schicksal, das ihn mit diesen zugegeben klugen, findigen, gastfreundlichen und hilfsbereiten Menschen zusammengeführt hatte – dennoch waren sie Nervensägen, wie sie im Buche standen. Und am meisten nervte ihn, dass sie sich immer Dinge trauten, von denen er nicht einmal zu träumen wagte, und dass sie ihm manchmal einen Schritt voraus zu sein schienen und dabei so taten, als könnten sie kein Wässerchen trüben.

Mehrfeldt stützte schwer den Kopf in seine Hand. Was müsste Wolgrath noch mal erzählen? Was wusste Wolgrath, das er, Mehrfeldt, nicht wusste?

»Kopf hoch«, sagte Wolgrath, als er mit der Flasche und Gläsern auf die Terrasse kam.

»Wir knacken die Wallner schon noch. Oder Neuhäuser. Einer von beiden war's.«

»Woher willst du das denn so genau wissen? Mich würde wirklich mal interessieren, wieso du so geheimnisvoll tust und was du überhaupt weißt – und was die Polizei wie üblich nicht weiß.«

»Ach, jetzt interessiert es dich plötzlich! Hättest du Kater Carlos lichtvollen Ausführungen über die Geschichte des ethnischen Mischgebiets um Triest nicht so jäh unterbrochen, hättest du uns keine Standpauke gehalten und hättest du dich anschließend weniger um die Botanik und

Herkunft der Mischpilze gekümmert als vielmehr um die Herkunft der Verdächtigen, wärst du auch so weit wie wir, nämlich einen riesengroßen Schritt weiter. Prost – oder saúde, wie man bei diesem Tröpfchen sagen muss.«

»Saúde.« Mehrfeldt nahm einen Schluck von dem erfrischend kühlen, herbsüßen Moscatel und zündete sich eine Zigarette an. »Ich höre.«

Die Ostadria wurde bekanntlich von ethnischen und politischen Bruchlinien durchzogen; zum Teil gingen diese Brüche sogar durch die ansässigen Familien. Manch einer, der dort lebte, hatte schon mehrmals die hoheitlichen persönlichen Dokumente wechseln müssen und/oder das eine oder andere Familienmitglied wegen politischer Abtrünnigkeit verloren.

»Und du glaubst, Canova war so ein schwarzes Schaf?«, fragte der Kommissar seinen Freund Wolgrath nach dessen ausführlicher Darlegung.

»Das glaube ich nicht, das weiß ich.«

»Aha. Und darf ich fragen, woher?«

»Kater Carlo hat sich ans Telefon gehängt und bei den einschlägigen Ämtern und Pfarreien Erkundigungen eingezogen. Das machte ihm keine Mühe, nachdem er ein angesehener Historiker und außerdem dreisprachig ist. Und er fand es todspannend, dass er seine wissenschaftlichen Erkenntnisse einmal in so direkter, realitätsnaher und so nutzbringender Form anwenden konnte.«

»Wie schön!«

»Nicht wahr? Das fanden wir auch«, sagte Wolgrath. »Canova ist, wie du ja selbst weißt, in Venedig geboren, seine Mutter aber ist eine Italienerin aus Piran.«

»Wo liegt das?«

»In Slowenien, südlich von Triest. War übrigens mal venezianisch. Aber jetzt halt dich fest, Peter – in Piran gab es eine große, alteingesessene Neuhäuser-Sippe.«

»Gab es?«

Manuel Soares war angekommen und klinkte sich nach einem kurzen Gruß ohne Umschweife in die Diskussion ein, nachdem Wolgrath ihn schon am Telefon kurz über die neuesten Entwicklungen informiert hatte.

»Ja. Nach 1945 sind keine Geburten und Eheschließungen mehr verzeichnet, und bis 1975 gab es nur noch drei Todesfälle – altershalber.«

»Wenn ich das jetzt richtig verstehe, sind diese Neuhäusers umgezogen oder ausgewandert. Das ist kein Vergehen und es geht uns überhaupt nichts an – selbst wenn sie damals vor den neuen jugoslawischen Machthabern geflohen sind«, sagte Mehrfeldt.

»Ja, aber die Tito-Partisanen und die Leute in ihrem Kielwasser haben mit Deutsch- und Italienischstämmigen und auch mit den eigenen Landsleuten, die sie für Kollaborateure hielten, oft kurzen Prozess gemacht«, flocht Alma ein. »Es genügte allein schon der Verdacht.« Sie senkte den Blick und fuhr fort:

»Ich spreche nicht gern darüber, aber ich kenne das aus meiner eigenen Familie. Der Vater meines Vaters wurde damals auch der Kollaboration beschuldigt und bei Nacht und Nebel hingerichtet. Was er gemacht hat und ob er überhaupt etwas getan hat, weiß ich nicht. Mein Vater hat nie darüber gesprochen und Carlo, den ich nach Niels' Fragen nach dem Grund für den Hass meines Vaters auf sein Herkunftsland gefragt habe, konnte mir bislang auch nicht weiterhelfen. Die Archive sind nur zum Teil zugänglich, die Verjährungsfristen sind noch nicht abgelaufen. Aber es ist sowieso fraglich, ob all diese Vorgänge überhaupt dokumentiert wurden – schließlich waren die Titoisten keine

Nazis, die zu ihrem Ruhm für die Nachwelt alles fein säuberlich festgehalten haben.«

»Die Stasi hat sich in punkto Dokumentation des Verbrechens auch nicht lumpen lassen«, sagte Soares.

Alma sah ihn resigniert an.

»Ja, das liegt wohl an der deutschen Gründlichkeit.«

Wolgrath schob seinen Kopf vor und sah seiner Freundin treudoof in die Augen.

»Ich bin auch Deutscher, mein Schatz. Und der Kommissar hier ist auch Deutscher. Und du, meine Liebe, bist hier geboren und aufgewachsen und deutsche Staatsbürgerin.«

Alma lachte auf.

»Ich bin gemischtnational. Und du bist in erster Linie ein Chaot. Das ist grenzübergreifend. Aber der Kommissar, nun ja, er ist eben ein behäbiger schwäbischer Beamter«, fügte sie etwas verächtlich hinzu. »Aber, Spaß beiseite, ihr könnt euch immerhin jederzeit genau über alles informieren, was eure Eltern oder Großeltern im Dritten Reich getan haben.«

»Ach, sie werden die üblichen Mitläufer gewesen sein. Wie die meisten. Wozu sollte ich das denn so genau wissen wollen?«, sagte Wolgrath.

»Nachdem du mir auf dem Rückflug von Venedig – endlich – so ungefähr erzählt hast, was passiert ist, verstehe ich natürlich, dass dein Vater seine Heimat wegen der Ermordung seines Erzeugers nicht mehr als eine solche empfand und sie verlassen hat, sobald er mit den ersten Gastarbeiterabkommen Gelegenheit dazu hatte. Doch ich begreife nicht, was dich so umtreibt und warum du unbedingt herausfinden willst, was bei deinem Großvater Sache gewesen war. Willst du im Nachhinein seine Unschuld beweisen? Ist es das?«

Almas Blick verlor sich in der abendroten Hügellandschaft der fernen Schwäbischen Alb.

»Im Gegenteil«, flüsterte sie in sich hinein. »Beweisen

will ich gar nichts. Ich will es einfach wissen. Die Vorstellung, dass mein Großvater ein Fascho war, ist sicherlich alles andere als erhebend, aber wenn es so war, dann ist das eben ein Faktum, mit dem man umgehen muss. Mit dem man leben muss.« Sie wurde noch leiser: »Und dann wäre er auch nicht umsonst gestorben.«

»Wie? Umsonst gestorben? Wie meinst du denn das?«, fragte Peter Mehrfeldt.

»Na, dass er in diesem Fall eben zu Recht hingerichtet wurde. Es gibt doch nichts Schlimmeres, als für eine Tat bestraft zu werden, die man nicht begangen hat.«

»Du meinst, seine Hinrichtung wäre dann gerecht?«, wollte Mehrfeldt wissen.

»Ob sie gerecht wäre, weiß ich nicht, aber sie wäre zumindest nachvollziehbar.«

»Aber doch nur in der unergründlichen Schwärze der Seele, liebe Alma«, widersprach Niels Wolgrath heftig.

»Rache hat mit Gerechtigkeit nichts zu tun, nicht das Geringste – auch wenn man aus einem solchen Ansinnen regelmäßig das sogenannte gesunde Rechts- und Gerechtigkeitsempfinden des Volkes heraushören kann, das die Todesstrafe fordert, sobald wieder ein Kind umgebracht wird. Aber wenn Opfer zu Rächern werden, werden sie ihrerseits Täter und sind auch nicht besser als ihre Peiniger. Wo ist da der Unterschied? Man kann ein Verbrechen nicht durch ein anderes vergelten. Da beißt sich die Katze in den Schwanz. Ein Vergeltungsschlag jagt den anderen. Das sieht man sowohl auf der großen Bühne der Politik als auch im kleinsten Familienkreis.«

Alma war still geworden.

In das gedankenvolle Schweigen hinein sagte nun Manuel Soares leise:

»Eine eindrückliche Rede, meu amigo. Aber um wieder auf unser ursprüngliches Thema zurückzukommen – entschuldige bitte, Alma, aber ich fürchte, wir können deinem werten oder unwerten Großvater mit unseren unzulänglichen Kenntnissen hier und heute keine wie auch immer geartete Gerechtigkeit widerfahren lassen oder ihm zu seinem Recht verhelfen.«

»Unwert! Wieder so ein belastetes Wort. Aber schon gut, okay, kein Problem«, sagte Alma ein wenig bedrückt und wedelte mit ihren beringten Fingern.

»Nun«, sagte Manuel Soares und hob die Hand wie in seinen Seminaren, »zurück zu unserem Thema: Wenn der Canova-Mord nun auch eine Racheaktion war, wie wir vermuten, sollten wir – wie wir alle aus Erfahrung wissen – auch erst einmal am Tatort Elternhaus suchen. ›Dort ist alles beisammen, was einen Menschen betrifft.‹ Wer hat das doch gleich gesagt?«

Peter Mehrfeldt stöhnte auf. »Also, was jetzt? Was ist Sache? Politik oder Familie?«

»Wir meinen: beides«, sagte Niels Wolgrath und lehnte sich zurück.

»Sieh doch mal, Peter – die Wallner hat eindeutig gelogen, als sie behauptet hat, Canova nicht zu kennen, sie hat sogar gleich zweimal beharrlich gelogen – einmal, als wir sie in Venedig nach ihm gefragt haben, das zweite Mal, als du sie befragt hast. Die DNS beweist aber, dass die beiden verwandt sind.«

»Ja, aber nur halb«, sagte der Kommissar nachdenklich. »Vielleicht wusste sie gar nicht, dass sie einen Halbbruder hatte, vielleicht wusste nicht mal der Vater, dass er die Frau geschwängert hatte. Und vielleicht ist auch nicht der Vater das Bindeglied, sondern die Mutter, diese Ornella Ribollo.«

»Dann hätte sie es sicherlich gewusst.«

»Ja, klar. Aber ich meinte damit nicht, dass Canovas Mutter auch die Mutter der Neuhäusers ist. Das wohl kaum! Aber Canova kam in Venedig zur Welt. Er ist außerdem ein paar Jahre älter als Beata Wallner und Bruno Neuhäuser. Möglicherweise ist Canovas Mutter aus ihrem Kaff in die nächst größere Stadt gereist – und das war wahrscheinlich Venedig, wo niemand sie kannte –, um das Kind zur Welt zu bringen, und, wer weiß, vielleicht auch um es loszuwerden, es zur Adoption zu geben. Was weiß ich? Es gibt tausend Gründe für so eine Unternehmung.«

Wolgrath und Soares sahen einander an. Nun waren sie doch etwas verunsichert.

»Dann gehen wir jetzt erst mal über die Politik-Schiene«, schlug Soares vor und begann auch gleich, unterstützt von Alma, ein umfassendes, dichtes Netz aus den verschiedenen politischen Lagern zu spinnen, angefangen bei kakanischen Monarchisten über italienische Republikaner, deutsche Nazis, kroatische Ustascha bis hin zu Titoisten und Freimaurern, ein Netz, das nach Soares' Meinung bis heute so nachhaltig in den Köpfen der Menschen bestand wie die Berliner Mauer.

»Wahrscheinlich bekommt man deshalb nichts aus diesen Leuten heraus«, dachte Mehrfeldt laut.

»Ach, das kriegen wir schon noch hin, hier geht es ja nicht um schweigepflichtige innerfamiliäre Angelegenheiten sozusagen«, sagte Wolgrath.

»Familie ist hier schon im Spiel – und...«

»Ja, aber nicht die ehrenwerte Gesellschaft der Mafia«, fiel Alma ihm ins Wort.

»...und was heißt da: Wir kriegen das schon noch hin? Ich habe euch schon tausendmal gesagt...«

Wolgrath lachte.

»Was geht dich denn dai saudomms Gschwätz von geschdern a? Prost, du schwäbischer Knaubenschädel.«

»Ha, wenn ein Ochse den anderen Esel schimpft, weiß man immer, woher es kommt!«, konterte der Kommissar und lachte auch.

Nachdem er die Gründe für all das Unglück erfahren hatte, für all die Düsternis, all die Trauer, erklärte er demjenigen, der seiner Mutter – und ihm – das angetan hatte, den Krieg. Denn inzwischen hatte er eine sehr deutliche Vorstellung vom Krieg, die aus seiner inneren Finsternis herausleuchtete.

Und töten war ganz einfach.

Es machte ihm nichts aus, ein Leben zu nehmen, wo er selbst doch schon gestorben war, ohne je eines gehabt zu haben. Davor musste er sich nicht fürchten. Außerdem – der Tod ist ein Geschäft. Tierärzte töten, Schlachter töten. Tiere zwar, aber ein Leben, ein Organismus ist ein Leben, ein Organismus. Soldaten töten und sie töten nicht nur ihresgleichen. Und es gibt auch eine ganz eigene Legion von Soldaten, die ganz leise töten. Man musste nur abdrücken und sich nichts weiter dabei denken.

Das wusste er. Und er wusste, dass auch das ein richtig gutes Geschäft ist.

Sein erster freudiger Tag kam mit seiner Musterung.

Anders als die meisten jungen Männer seines Jahrgangs konnte er es kaum erwarten, endlich in die Kaserne einzurücken. Dass er dazu weit weg von seiner Mutter in den Süden musste, war ihm egal. Vieles war ihm egal. Kameradschaft bedeutete ihm nichts. Er war allein auf der Welt, es gab nur noch ihn. Und ihm ging es einzig um das Handwerk und um die Werkzeuge des Krieges: Waffen, Strategie, Taktik, Logistik, Präzision.

In wenigen Jahren brachte er es zum Hauptmann. Das genügte. Mit den Kontakten, die er sich nebenher umsichtig erst mit Drogen, dann mit Munitions- und ein wenig Sprengstoffhandel aufgebaut hatte, konnte er sich »selbstständig« machen. Und er hatte ausreichend Geld, um in Rom ein Alibistudium zu beginnen, ein bisschen Kunstgeschichte, ein paar Fremdsprachenkenntnisse. Auch das genügte.

Bei Weitem. Wenn man alles im Blick behielt…

Lucio Lunetti wurde mit großem Hallo begrüßt, als er zusammen mit Mehrfeldt am Sonntagabend im *da capo* erschien. Die Einzige, die er bis dahin persönlich kannte, war Alma Pilic und nach einer kurzen Vorstellung der Anwesenden parlierten die beiden auch gleich aufs Angeregteste miteinander.

Niels Wolgrath, Manuel Soares und Herr Schmitz beteiligten sich schon bald an dem Gespräch. Siggi Hertneck und Peter Mehrfeldt konnten nicht so gut Italienisch und saßen an ihrem jeweiligen Ende des Tischs etwas verloren herum, bis Mehrfeldt, der erstens müde war und zweitens keine Lust auf weitere Spekulationen hatte, sich zu Siggi gesellte und sich mit ihr über etwas anderes unterhielt – ganz sicher über ein Thema, das nichts mit gemischtnationalen Berufskillern zu tun hatte.

»Ha, da muss ich erst nach Deutschland kommen, um florentinisch zu essen! Fantastico«, rief Commissario Lunetti über seine Ribollita hinweg dem Wirt zu.

Camillo lachte nur schwach. Seine Florenz-Woche erfreute sich nicht gerade des erhofften Zuspruchs, bestand die historische Küche der Kunstmetropole doch vor allem aus rustikalen Genüssen wie aus oben genannter Brotsuppe, der Ribollita, oder aus Pansen, Bauchspeck, Ohren, Zungen, Rüsselchen, Füßchen und anderen Körperteilen, verarbeitetet zu Gerichten, die die einen ärmlich, die andern eklig fanden.

»Übrigens«, sagte Lunetti in die Runde, »Canovas Mutter hieß – oder heißt natürlich immer noch – Ribollo. Als Vater ihres Kindes hat sie damals einen Canova angegeben; wahrscheinlich ist das dieser Neuhäuser.«

»Was erzählt die alte Dame denn überhaupt so über ihren Sohn und dessen Vater?«, wollte Alma wissen.

»Zuerst hat sie nicht viel erzählt«, sagte der Venezianer.

»Sie leidet unter dementen Aussetzern, hat aber mitunter klare Momente. Vor allem das Langzeitgedächtnis ist noch nicht so angegriffen. Und nachdem sie weiß, dass doch alles immer irgendwann und irgendwie rauskommt, und vor allem nachdem ihr abgöttisch geliebter Sohn nun tot ist, ging es etwas leichter. Also: Ornella Ribollo war als junges Ding in Piran bei den Neuhäusers angestellt. Die Neuhäusers waren seit vielen Generationen Kaufleute, Kaffeehändler, um genau zu sein. Der Sohn des Hauses, ein Treibauf und Tunichtgut, schwängerte sie kurz vor der Kapitulation der Nazis im Mai 1945. Die ganze Familie floh dann vor den Partisanen...«

»...heim ins Reich«, setzte Wolgrath trocken nach und übersetzte für Lunetti.

»Nun, das muss nicht unbedingt heißen, dass die Neuhäusers Nazis waren, es reichte damals aus, deutschstämmig zu sein«, erklärte der italienische Kommissar.

»Jedenfalls gingen die Neuhäusers nach Deutschland, Ornella wurde mit einem Koffer voll Geld weggeschickt – als Abfindung und Schwamm drüber. In Venedig brachte sie das Kind zur Welt, arbeitete danach wieder als Zimmermädchen und zog ihr Balg groß – das dann irgendwann so groß und vermögend wurde, dass es in einem Palazzo wohnen konnte, wo Mamma Ornella ihm natürlich den Haushalt führte.«

»Und weiter?«, fragte Carlo Schmitz.

»Das war's in groben Zügen. Als ihr Sohn umkam, war sie im Krankenhaus. Aber... Sie glauben doch nicht, dass die Mutter eine Ahnung von den Machenschaften ihres Sohnes hatte? Sie ist stolz wie Oskar, weil Sergio Canova es zu etwas gebracht hat – zu was, weiß sie ja nicht.«

»Was hat er ihr denn immer erzählt?«

»Irgendetwas mit internationalen Geldgeschäften, Kunsthandel, was weiß ich.«

»Mütter sind ja so gutgläubig!«, warf Soares ein.

»Aber wie kam dieser Sergio Canova denn zu so einer Karriere? Soweit ich verstanden habe, war er ein international tätiger und genauso international gesuchter Mann. Jahrzehntelang.«

»Nun, was die Suche nach ihm anging, kann man es auf den einfachen Nenner bringen, dass Kriminelle, die im Auftrag von Staaten handeln, nicht bestraft werden. Das kennen Sie ja aus Ihrer eigenen deutschen und später deutsch-deutschen Geschichte selbst«, meinte Lucio Lunetti. »Und auch Konzerninteressen werden hermetisch nach außen abgeschlossen.«

»Wie ein Mensch allerdings auf die schiefe Bahn gerät – das ist ein weites Feld und ich bin kein Psychologe«, fuhr Lunetti fort. »Canovas Motivation kenne ich nicht, ich nehme an, Geld, also Habgier, spielt bei solchen Dingen immer die Hauptrolle, hinzukommen eine verkorkste Jugend, objektiv oder subjektiv schwere Zeiten, eine verworrene Biografie, Rachedurst, Geltungssucht, Machtspiele ... Vermutlich so etwas. Soweit ich Canovas Vita nun recherchieren konnte, war er ein sehr guter Schüler, er hat es tatsächlich auch einmal mit ehrlicher Arbeit versucht und zwar bei der Armee. Aber dort macht man nicht gerade das große Geld.«

»Tja«, meinte Wolgrath. »Wenn man nicht gerade einen Harry im Rücken hat, der sich mit seiner vermögenden Tante in Venedig langweilt, kann man wohl kaum darauf hoffen, auf normalem Weg ein Imperium zu begründen, und so muss man für das schnelle Geld eben auf das gute, alte Verbrechen zurückgreifen.«

»Sie sagen es«, sagte Lunetti und blickte ein wenig verzweifelt drein, fand aber beim Speckeintopf gleich seine gute Laune wieder.

»Na, so werden wir jedenfalls nie arbeitslos – auch wenn unsere Arbeit schlecht bezahlt ist... Aber um auf Signore Soares' Frage nach Sergio Canova zurückzukommen: Zuhälterei und Ähnliches waren wohl nicht sein Ding. Also, was bleibt? Der Tod aus dem kalten Rohr. Dass wir ihn nie gefunden haben, weist darauf hin, dass er einer der Besten seines Fachs war. International, interkontinental. Schätzungen zufolge könnten allein in Italien zweihundert Opfer zu beklagen sein, wobei zu beklagen hier nicht unbedingt das richtige Wort ist, schließlich waren auch Figuren darunter, ohne die diese Welt ein weitaus schönerer Ort ist.«

»An welche Figuren denkst du konkret?«, fragte Alma den Commissario und erntete einen völlig verdutzten Blick von Wolgrath, der glaubte, er habe sich verhört, als seine Freundin den Venezianer duzte.

»Ist das auch ein Kapitel aus deinem Buch ›Das Übliche, aber charmant‹?«, fragte er sie auf Deutsch.

Sie lachte hell auf und drückte ihm einen dicken, fetttriefenden Kuss auf die Backe.

»Hach, ist das schön, wenn du eifersüchtig bist!«, flötete sie und blaffte gleich hinterher: »Ich hoffe allerdings, das wird nicht zur Gewohnheit!« Und zu Lucio Lunetti sagte sie: »Niels hat mal wieder seine Tage, erzähl ruhig weiter.«

Alle lachten.

Nur Wolgrath nicht.

»Nein, er erzählt jetzt nicht weiter – entschuldigen Sie bitte einen Augenblick, Signore«, sagte er zu Lunetti und wandte sich an Alma und an alle, die gelacht hatten, »dafür erzähle ich euch jetzt mal was«, er hob warnend die Hand. »Das nächste Mal fahre ich allein weg. Oder mit Manuel. Klar?«

Alma zuckte mit den Achseln.

»Klaro.«

»Vielleicht fragst du vorher mal Manuel«, meldete sich Siggi empört zu Wort. »Oder mich.«

»Ich frage Manuel schon noch rechtzeitig, da kannst du Gift drauf nehmen. Bitte, weiter im Text, Commissario.«

Lunetti warf seinem deutschen Kollegen einen verunsicherten, fragenden Blick zu. Mehrfeldt nickte beruhigend, sollte heißen: So oder ähnlich ist das immer mit diesen Herrschaften. Machen Sie sich nichts daraus.

Camillo kam mit einem geschmorten Täubchen.

»Mm!«, begeisterte sich Lunetti. »Wie das duftet! Wissen Sie, was das Geheimnis der Florentiner und der norditalienischen Küche überhaupt ist? Ich sag's Ihnen: Soffritto – das Schmorgemüse darf bei keiner Soße fehlen. Die Franzosen nennen es Mirepoix, wir aber verwenden statt Knollensellerie eher Selleriestangen... Aber wo war ich stehen geblieben?«

»Bei den nicht zu beklagenden Opfern«, sagte Alma.

»Ach so, ja. Ich denke da an gewisse Köpfe der P2, die, nachdem sie die politische Welt in Italien fürchterlich durcheinander gebracht und dezimiert haben, ihrerseits auf mysteriöse Weise ins Gras beißen mussten.«

»Einer nicht. Sonst wäre Ihrem Land viel erspart geblieben«, schob Schmitz nach.

»Ja, Berlusconi hat seine Karriere bei dieser Geheimloge P2 begonnen.«

»Womit wir wieder bei ehrlicher Arbeit, Arbeitslosigkeit und Aussichtslosigkeit wären«, sagte Wolgrath. »Aber andererseits, zweihundert Opfer in vierzig Jahren sind für einen Profi ja nicht die Welt.«

»International dürften es fast doppelt so viele sein«, meinte Lunetti. »Auch wenn man das nie herausfinden wird – es gibt bei solchen Morden schließlich kaum Hinweise.«

»Trotzdem. Selbst wenn es nur dreihundert sind – neuneinhalb im Jahr: pro Monat einen und drei Monate Urlaub. Nicht schlecht. Was macht ein Auftragsmörder zwischen einem Mord und dem anderen? Genießt er sein Leben?«

»Ich nehme an, eine effiziente Tat erfordert eine ebenso gründliche wie umfangreiche Vorbereitung, wenn man nicht erwischt werden will. Keiner steht ja wohl eines schönen Morgens auf, weiß nichts mit sich anzufangen und sagt sich beim Müsli: Hach, bringen wir heute doch mal wieder – oder ganz ausnahmsweise – einen Menschen um! Und außerdem: Stell es dir nicht zu einfach vor, jemanden zu killen«, sagte Soares.

Lunetti lachte.

»Ach? Jetzt bin ich ja gespannt, was Sie aus Ihrem reichen Erfahrungsschatz schöpfen!«

Die beiden Freunde sahen sich an.

»Wenn du dich vielleicht an die Machado-Brüder erinnerst...«, hob Soares an.

»Und ob ich mich erinnere«, sagte Wolgrath. »Aber die Machados waren kleine Fische.«

»Oh, das interessiert mich jetzt aber brennend«, sagte Lucio Lunetti und forderte die Herren Wolgrath und Soares zum Erzählen auf, was die beiden mit einigem Zögern auch taten – und froh waren, als der Nachtisch serviert wurde, bevor die Sprache darauf kommen konnte, was sie denn mit solchem Gesindel wie den Machados überhaupt zu schaffen hatten.

»Wo bleibt denn Siggi«, fragte Soares nach einer Weile, nachdem seine Freundin nicht mehr von der Toilette zurückkam, wohin sie angeblich verschwunden war. »Hast du sie vergrault, Peter?«

»Ich? Womit denn?«

»Mit deinem sprühenden Gôgen-Charme natürlich, was sonst?«, versetzte Alma bissig.

»Aber im Ernst, ich nehme mal an, sie hat keine Lust auf gewisse Episoden aus deinem früheren Leben, liebster Manuel.«

»Wieso? Was denn für ein früheres Leben?«

Doch er bekam unter dem Tisch schon einen Tritt von Wolgrath, der ihn über den Tisch hinweg streng ansah.

»Soll... soll das heißen, sie ist gegangen?«, fragte Soares ungläubig. »Verdammt, dauernd rennt sie weg, ich muss das mal endgültig klären!«, dachte er laut.

»Allerdings; das musst du. Und bis es soweit ist, hast du ja uns«, stellte Wolgrath sachlich fest.

»Aber was machen wir jetzt mit dir, Peter, nachdem deine Tischdame das Weite gesucht hat?«

Mehrfeldt lächelte dünn.

»Kümmert euch nicht um mich. Ich höre gern zu – und verstehe heute zu meinem großen Glück mal nicht alles, was ihr da zusammenfantasiert.«

»Das sieht dein Kollege aber ganz anders.«

So sah es jedenfalls Wolgrath.

»Eben!«, schob Alma nach. »Lucio hat keine Probleme, etwas zu erzählen, und vor allem hat er ein offenes Ohr für offene Fragen. Von dir hören wir immer nur Dienstgeheimnis, Datenschutz, Dienstweg, Dienstvorschriften.«

Seufzte lehnte sich Peter Mehrfeldt zurück und bestellte einen doppelten Grappa.

»He, bist du allein auf der Welt, oder wie oder was?«, beschwerte sich Wolgrath und rief durchs Lokal: »Bring gleich die ganze Flasche, Camillo.«

»Ich bin nicht umsonst hier geboren.«
Vielleicht das erste Mal, dass er nicht log. Er war hier geboren und im Nachhinein betrachtet war es auch nicht umsonst gewesen. Er war immer wieder zurückgekommen. Nun für immer.
Diese Stadt, diese prachtvoll abgeschabte Kulisse, dieses Versteck, war für ihn wie gemacht. Zufall. Denn andere hatten diese Stadt gemacht, jahrhundertelang, bis sie irgendwann aufgehört hatte, zu wachsen und sich zu entwickeln.
Doch in ihren alten, ausgetretenen Stufen, in den verlebten Sälen und in den oft beschlafenen Betten fand er ein gemachtes Nest. Und er fand seine Grenzen in ihrer elementaren Begrenztheit, er fand seinen Meister in ihrer prächtigen Ausstattung und seine Heimat in ihrer morbiden Anmutung. Die Stadt der Verkleidungen.
Hier würde er nun bleiben, für immer oder so lange sein Leben eben noch währte. Pässe hatte er zur Genüge, Perücken, Brillen, Kontaktlinsen und falsche Bärte.
Doch was half es am Ende? Er hatte mit allem abgeschlossen. Er war sicher, sie würden kommen. Alle. Auch wenn es nur einer wäre. Einer für alle. Irgendwann würden sie Rache fordern und er müsste seinen Tribut zollen. Er wusste: Was er schuldete, war unbezahlbar, höchstens oder mindestens mit seinem Leben, seinem Kopf zu begleichen, denn durch Morden hatte er das eigene Dasein verlängert und seine Feinde in die Hölle geschrieben. Wer wäre er geworden, wenn man ihn nicht bis zur Unkenntlichkeit zerstört hätte?
Er war im Inneren tot. Schon lange, schon von Kind auf. Daher hatte er sich auch schon früh erkannt. Er wusste: Er war kein Mann von Blut und Brühe, er war ein kaltblütiger Lurch. Und man konnte nicht einmal sagen, dass er im Laufe seines Lebens so geworden war – er wurde schon so geboren. Verheimlicht, verschwiegen, vaterlos. Bastardo! Bastardo!

Das war eine seiner ersten Erinnerungen: Bastard. Und die andere: Die golden gesprenkelten braunen Augen seiner Mutter, in denen sich ihr gebrochenes Herz und unheilbare, ewige Trauer spiegelten.

Am nächsten Abend rief Niels Wolgrath bei Manuel Soares an, der in seiner Mansarde in Rübgarten saß, einer kleinen Ortschaft hoch über dem Neckartal, wo der Professor seit vielen Jahren im Grünen wohnte. Er brütete und grübelte über einem Notat von Fernando Pessoa, das ihm aus der Lissabonner Nationalbibliothek als Faksimile zugekommen war.

»Was machst du gerade?«, fragte Wolgrath.

»Was wohl? Ich versuche, einem von Pessoas vielen Heteronymen einen Text zuzuordnen, vielleicht tut sich aber auch eine neue Figur auf, es gibt gewisse Hinweise.«

Wolgrath stöhnte innerlich. Er fragte sich, warum sich überhaupt jemand und dann auch noch ausgerechnet sein bester Freund mit Feuereifer diesem portugiesischen Borderline-Burschen verschreiben konnte. Für Wolgrath war Pessoa ein Fall für die Psychiatrie – wenn der Mann auch, zugegeben, viel Stoff für die Forschung bot.

»Wie aufregend«, sagte er nur. »Ich muss dich allerdings kurz – oder auch länger – aus deiner hochwichtigen wissenschaftlichen Tätigkeit reißen. Als ich gestern gesagt habe, das nächste Mal fahre ich allein weg oder mit dir, war das keine leere Drohung.«

Soares lachte.

»Das dachte ich mir schon. Du bist ein Mensch, der seine Drohungen immer wahr macht.«

»Eben. Ich finde, es würde uns gut tun, mal wegzufahren, über alles Mögliche zu reden und uns eine Strategie auszudenken, wie wir wegen unserer chaotischen Beziehungen nicht auch noch in der psychiatrischen Klinik landen wie dein akademisches Mündel mit den vielen Namen. Wir haben uns lange nicht mehr allein gesehen. Bist du dabei?«

»Klar.«

»Versprochen?«

»Versprochen. Wenn es nicht noch heute sein muss.«

»Nein, heute nicht.«

Aber am nächsten Tag.

Am Dienstagmorgen fuhr Niels Wolgrath in aller Herrgottsfrühe nach Rübgarten, Alma war für ein paar Tage nach Frankfurt und Hannover gefahren, wo sie irgendwelche hochinteressanten jungen Künstler treffen wollte – und ihre Freundin Siggi hatte sie gleich mitgenommen. Sehr praktisch, fand Niels.

Somit hätte er ein Problem weniger. Es würde ihn schon alle Überredungskunst der Welt kosten, seinen Freund zu entführen – der am Abend zuvor unbedacht zugesagt hatte, mit ihm wegzufahren. Dabei war Wolgrath klar, dass Manuel in Gedanken noch bei seinem Forschungsgegenstand gewesen war und deswegen nicht weiter nachgefragt hatte. Und wenn er ehrlich war, hatte er auch genau darauf spekuliert, wusste er doch, dass seinem Freund jede Ortsveränderung ein Gräuel war – sofern sich besagter Ort nicht in Portugal und am besten in Lissabon befand. Bei seinem intensiven Innenleben könne er äußere Veränderungen nur schwer aushalten, so Prof. Dr. Dr. Soares.

Wolgrath benutzte den Schlüssel, den Manuel ihm für Notfälle gegeben hatte – und dies war ein Notfall. In der Küche kochte er erst einmal Kaffee. Damit wollte er Manuel gnädig stimmen, außerdem könnte er selbst auch noch eine Tasse vertragen, es war wirklich unchristlich früh. Nun war Wolgrath nicht gerade ein leiser Mensch und so riss das Geklapper in Verbindung mit einer Verdi-Arie, die Wolgrath laut vor sich hin pfiff, Manuel Soares aus dem Bett.

Schlaftrunken tappte er in die Küche. »W-Was…?«

»Manuelinho! Kannst du denn um diese Zeit schon wach sein? Ich mache Kaffee für dich.«

Völlig konsterniert ließ sich Soares auf einen Küchenstuhl fallen. Er schloss die verschwiemelten Augen, weil er kaum etwas sah, ohne Brille sowieso nicht, und sagte mit trockenem Mund so süßlich-bissig, wie es ihm in seinem Zustand möglich war:

»Du bist wie eine Mutter zu mir!«

»Gell! Apropos, wie geht es deiner Mutter denn? Du hast mir noch gar nichts von deinem Portugal-Urlaub erzählt.«

»Sie hat nach dir gefragt. Aber wieso müssen wir das jetzt besprechen? Weißt du eigentlich, wie spät es ist? Oder wie früh?« Soares gähnte ausgiebig.

»Natürlich weiß ich das. Wir müssen uns ein wenig beeilen.«

»Wieso? Was hast du vor? Willst du die Wallner im Schlaf überraschen und hochnehmen?«

»Ach, unsere Männer vom Fach, Lunetti und Mehrfeldt, werden die Wallner schon schaukeln. Ich bin zuversichtlich, dass sie das dank unserer Vorarbeit nun vollends allein hinkriegen. Aber du solltest jetzt ins Bad gehen und ein paar Sachen packen. Und vergiss deinen Pass nicht.«

»Packen? Pass?«

Manuel Soares war schlagartig wach. Sein Blick fiel verschwommen auf zwei Gegenstände, die auf dem Tisch lagen. Aussehen und Format waren ihm vertraut.

Es waren zwei Flugtickets.

»Ja. Du hast mir doch gestern am Telefon versprochen, dass du mitkommst. Oder?«

Soares schlug mit der Faust auf den Tisch und sprang auf.

»Niels! Porcaria da merda! Was soll das Ganze? Ich habe dich so verstanden, dass wir irgendwann mal hier in der Gegend einen Ausflug machen, essen gehen oder so etwas.«

»Genau das machen wir auch. Wir machen einen Ausflug und gehen essen. Die Gegend ist allerdings etwas weiter weg, dafür ungleich schöner, heißt es.«

»Ich kann jetzt nicht weg! Ich muss mich vorbereiten. Nächste Woche fängt schließlich das Semester an!«

»Deshalb fahren wir ja jetzt. Ich habe an alles gedacht.«

»Auch daran, dass ich am Freitagnachmittag Sprechstunde habe und anwesend sein muss?«

Niels Wolgrath drehte sich mit einem hell strahlenden Lächeln zu ihm um.

»Selbstverständlich. Wo denkst du hin? Bis dahin sind wir auf jeden Fall wieder zurück.«

»Du bist wirklich wie ein Mutter zu mir!«, wiederholte Soares, weil ihm sonst einfach nichts mehr einfiel.

Und da dämmerte es ihm.

»Soll das etwa heißen, wir fliegen nach Lissabon? Zu meiner Mutter? Bist du verrückt geworden?«

»Nein, nein. Lass dich überraschen. Alles Weitere erzähle ich dir auf der Fahrt. Wie gesagt, wir müssen uns sputen.«

»Niels, das ist keine Überraschung, das ist Nötigung, Vergewaltigung!«, schrie Soares.

»Manuel, du hast es mir versprochen, verdammt!«, schrie Wolgrath zurück und stampfte verzweifelt auf. »Ich brauche dich, ich schaffe das nicht allein.«

Von unten wurde mit einem Besenstiel an die Decke geklopft.

»Meine Vermieterin!« Soares griff sich an den Kopf. »Da siehst du, was du angerichtet hast.«

»Und wenn schon! Dieser alte Hausdrache soll sich mal nicht so haben!«

Genau vier Stunden später saßen die beiden in John Kavanaghs altem Ford und fuhren durch eine traumhaft durchsonnte irische Herbstlandschaft nach Nordwesten Richtung Donegal.

Niels Wolgrath hatte im letzten Herbst telefonisch mit John Kavanagh Kontakt aufgenommen, nachdem dieser auf zunächst sehr undurchsichtige Weise in den Weitenbacher-Fall verwickelt gewesen war. Im Frühjahr hatte Wolgrath eine Werbekampagne für die Tochtergesellschaft einer deutschen Holding in Dublin gestartet und Kavanagh bei dieser Gelegenheit besucht.

Bei unzähligen Pints Guinness in genauso unzähligen

Pubs hatten die beiden dann einen sehr speziellen Plan ausgeheckt: Kavanagh sollte für Wolgrath ein Häuschen ausfindig machen und, sobald er es gefunden hätte, Kaufverhandlungen führen.

Conny hatte immer ein Cottage in Irland haben wollen, es war für sie das Land ihrer Seele, und Wolgrath wollte diese Seele nun an einem Ort aufgehoben wissen, wo er sie besuchen könnte. So hatte er beschlossen, Connys Traum posthum zu verwirklichen, indem er auf der grünen Insel ein Häuschen kaufte.

Dieses Projekt war geboren worden, bevor Wolgrath Alma im April kennengelernt hatte. Und dann hatte sich doch tatsächlich herausgestellt, dass der Kustos der wertvollen Textesammlung der Alten Bibliothek des Trinity College, ein Pferdenarr und Frauenheld, dem außerdem in seinen jungen Jahren unter Alkoholeinfluss ein paarmal ganz brutal und aktenkundig die Hand ausgerutscht war, auch ein Bekannter und Ex-Lover von Alma Pilic war, die vor einigen Jahren als Studentin ein Auslandssemester in Dublin verbracht hatte.

»Weiß Alma davon?«, fragte Soares.

»Nein, noch nicht.«

»Meus ceus, du lieber Himmel! Das gibt sicher Stress. Sie wird bestimmt rasend eifersüchtig!«

»Auf wen denn? Conny ist tot. Und Alma weiß, dass ich sie liebe«, sagte Wolgrath mit größter Selbstverständlichkeit.

»Trotzdem«, widersprach Soares. »Siggi würde mir bei so einer Aktion den Kopf abreißen.«

»Tja. Das zeigt nur wieder mal, dass sie dir nicht guttut. Ich finde, in letzter Zeit spielt sie sich sowieso ziemlich unbotmäßig auf. Ihre Abgänge im *da capo* waren richtig peinlich.«

Soares lachte auf.

»Peinlich! Ein großes Wort aus deinem Mund. Dass ausgerechnet du Ansätze zu angepasstem Verhalten zeigst, wäre mir wahrlich neu, normalerweise bist du doch die Peinlichkeit im Karnat.«

Den letzten Satz überhörte Wolgrath lieber.

»Es war mir ausschließlich peinlich für dich, Halbbrüderchen – der du ja als stadtbekannter Akademiker immer um deinen guten Ruf besorgt bist.«

»Ich kann sehr gut auf mich allein aufp–…Meu Deus!«, rief Soares entsetzt aus. »Das war knapp! Pass doch auf, verflucht! Du fährst wie ein Henker.«

Wolgrath war vor lauter Erleichterung über ein gelungenes Überholmanöver zu weit nach links geraten und über den Straßenrand hinausgefahren.

»Dieser Scheißlinksverkehr! Daran werde ich mich wahrscheinlich nie gewöhnen! Ich glaube, wir sollten uns mal ein wenig stärken. Wir sind schon seit zwei Stunden ohne Brot und Wasser unterwegs. Was hältst du von einem gediegenen Lunch im nächsten Ort? Carrick-on-Shannon.«

»Klingt gut.«

Im Pub neben der kleinsten Kirche der Welt ließen sie sich nach Brown Bread, diesem unvergleichlichen Vollkorn-Buttermilchbrot mit reichlich gesalzener Butter, den unvermeidlichen Irish Stew schmecken, serviert mit Herbstgemüse in Malzbiersauce.

»Das Thema passt jetzt nicht gerade zum Essen, aber mich würde trotzdem interessieren, wie du dich mit Siggi in Portugal verstanden hast.«

»Gut. Sehr gut sogar.« Soares lachte. »Es lag wohl daran, dass du nicht dabei warst und ihr Konkurrenz gemacht hast.«

Wolgrath grunzte.

»Soll das nun etwa heißen, ich bin schuld, wenn sie sich danebenbenimmt?«

»Du provozierst sie immer.«

»Sie lässt sich ja auch so leicht provozieren. Kaum, dass man sie schief anguckt!«

»Ich weiß nicht, wie und vor allem wie lange die Geschichte mit Siggi noch weitergeht. Ich weiß nicht mal genau, welche Gefühle ich überhaupt für sie hege; das verschweige ich ihr auch nicht, wenn sie mich danach fragt, und das kommt häufig vor. Das macht sie natürlich unsicher – zusammen mit ihrer sonstigen existenziellen Unsicherheit: Eltern früh geschieden, das ewige Studium, keine richtige Zukunftsperspektive und so weiter. Und dann erlebt sie auch noch, dass sich ihre Busenfreundin Alma so gut mit dir versteht und außerdem berufliche Perspektiven hat. So etwas ist deprimierend und macht neidisch und eifersüchtig.«

»Dann soll sich die große Psychologin eben mal eine Scheibe von Alma abschneiden.«

Soares sah gedankenverloren aus dem Fenster.

»Das Problem ist wahrscheinlich, dass sie keine große Psychologin ist. Wie dem auch sei, ich mag sie. Sie ist ein prima Kumpel – wenn du nicht dabei bist. Und ich schlafe gern mit ihr. Das ist nicht zu verachten.«

»Wenn ich nicht dabei bin«, sagte Wolgrath ironisch.

»Natürlich nur, wenn du nicht dabei bist.«

Das Häuschen am Lough Eske war auch nicht zu verachten. Wolgrath war begeistert, als sie in der hereinbrechenden Dämmerung vor dem efeuüberwucherten Gebäude inmitten von Holunderbüschen, Heckenrosensträuchern und Zedernbäumen direkt am Ufer des glitzernden Sees standen.

»Donnerwetter, John hat wirklich nicht zu viel versprochen!«, schwärmte Wolgrath.

»Wie ein Cottage sieht es nicht aus«, stellte Soares fest, »eher wie ein kleines Schlösschen mit diesem Gesims und den neogotischen Fenstern. Wie ist Kavanagh denn darauf gestoßen?«

»Conny hatte ein Foto davon, sie hatte es aus einer Zeitschrift ausgeschnitten und in ihr Irland-Tagebuch geklebt. *Am Lough Eske* stand darunter. Das Bild habe ich John gegeben und ihn gebeten, das Haus zu finden. Der See ist ja nicht besonders groß, so hat er es problemlos gefunden.«

»Und das willst du jetzt tatsächlich kaufen?«

»Ja. Ich denke schon. Warum auch nicht?«, sagte Wolgrath.

Die Frage war für Soares eher das Warum. Irgendwie konnte er das gar nicht richtig glauben. Wer kaufte schon ein Haus für eine Tote? Wie krass ist das denn?

»Von außen ist jedenfalls nichts dagegen einzuwenden. Oder?«, fuhr Wolgrath fort. »Sehen wir es uns mal von innen an. John sagt, der vorige Eigentümer hätte das Haus gründlich renoviert, innen modernisiert und sogar den Dachstock ausgebaut.«

Kaum hatten sie den Windfang passiert, standen sie auch schon in einem großen Raum, der mit einer unauffälligen Küchenzeile neben dem offenen Kamin das ganze Erdgeschoss einnahm. Ursprünglich waren hier zwei Zimmer eingezogen gewesen, denn es war ein typisch gregorianisches Cottage und als solches streng klassisch-symmetrisch gestaltet. Im ersten Stock lagen zwei Zimmer und ein kleines Bad und über eine Leiter und eine Falltür gelangte man zum ausgebauten und isolierten Dachstuhl.

»Das ist ja geradezu ideal!«, freute sich Wolgrath. »Unten Wohnzimmer und Küche, oben ein Zimmer für dich und Siggi und eines für Francesca und Achim und hier im Dachstübchen ist Platz für ein Queen-Size-Bett, also für Alma und mich.«

»Ich denke, das Häuschen soll für Conny sein. Aber du teilst ja schon die Zimmer für die ganze Affenbande auf.«

»Es soll ja schließlich kein Mausoleum werden oder gar eine Gruft! Hier soll es Leben und Lachen geben. Speis und

Trank. Rauschende Feste. Das freut Conny in ihrem Afterlife sicherlich. Oder bezweifelst du das?«

»Hm. Keine Ahnung.« Soares zuckte die Schultern. »Wie wär's mal mit ein bisschen Besinnung statt Fressen und Saufen? Außerdem – mit wem denn? Hier wohnt ja weit und breit kein Mensch. Aber das ist ja eigentlich auch egal, ich finde das Haus toll.«

»Also: Wenn auch du es gut findest, ist es gekauft«, stellte Wolgrath Hände reibend fest.

»So ein Sanktuarium sollte ich in Portugal haben...«, sagte Soares verträumt.

»Das ist unser nächstes Projekt. Jetzt machen wir erst mal hier einen Knoten dran. Um sechs Uhr haben wir den Termin beim Notar in Donegal Town. Und danach wird gefeiert. John hat mir eine Adresse in Ardara gegeben, ein Manor, wo man nach Herzenslust schlemmen und anschließend gleich ins Himmelbett fallen kann.«

Sein Leben war ein einziger Albtraum gewesen. Irgendwann, früher einmal, war er der Illusion erlegen, er würde eines Tages daraus aufwachen, wenn er – und vor allem die anderen – die Schulden beglichen hätten.

In langen, heißen Sommermonaten hatte er mit Blick auf die Kuppeln der Kathedrale die Rechnung aufgemacht. Er konnte sich alles leisten, an Geld fehlte es ihm nicht. Das Piano nobile in einem Palazzo, wo schon andere Hochstapler vor ihm gelebt hatten, hatte ihn nur einen Bruchteil seines Vermögens gekostet. Auch sein Lebensstil und all die leiblichen Genüsse konnten seinen Konten nichts anhaben. Er war ein nobler Herr, elegant, stattlich, distinguiert. Doch innen war er hohl. Ohne Gefühle, gar ohne Eigenschaften. Wo andere Menschen ein Gewissen hatten, hatte er den Zorn seiner Mutter, wo andere Scham hatten, kannte er nur die Frustration. Und sein Herz? Eine klaffende Wunde. Bastard!

Man könnte nicht einmal behaupten, dass ihm nichts mehr geblieben wäre nach dem vielen Leid, den vielen Toden, die er verursacht hatte. War er früher mehr gewesen, reicher? Und hatte sich stückweise in fremden Gräbern verloren? Oder war da gar nichts? War da nie etwas gewesen?

Er erinnerte sich nicht. Nicht so richtig. Wollte es nicht, konnte es nicht. Doch, wie auch immer: So wie andere mitmenschliche Nähe aus innerer Fülle lebten, so hatte er gelernt, Distanz aus seiner eigenen Leere zu leben. Das Leben war schon immer beschissen gewesen und es würde nicht besser werden.

Dass es für ihn auf so viele Fragen keine Antworten gab, machte sein Leben aus, vielleicht war das ja auch normal; deswegen verliert man nicht den Verstand.

Doch dass die Antworten, die es auf die eine oder andere Frage dann doch noch gegeben hatte, so bescheiden gewesen waren, machte auch sein Leben aus. Und darüber konnte man durchaus den Verstand verlieren. Denn seine

Existenz war kein Albtraum, aus dem er irgendwann erwachen würde, sondern es war sein Leben, seine eigene Realität: Vergangenheit, Gegenwart und keine Zukunft. Und aus dem realen Leben kann man nicht erwachen.

Nur selten verrieten sich seine Herkunft und seine Angst in der Öffentlichkeit. Freilich, es gab flüchtige Momente der Unsicherheit, dann straffte er sich, räusperte sich. Ein Hüsteln – und er war wieder ganz sein gekauftes Selbst, sein gestohlenes Glück. Zu Hause war er anders. Dort war er gebeugt von Selbstverachtung und von der Last seiner Wertlosigkeit. Doch er war zu unglücklich, um selbst Hand an sich zu legen – im Selbstmord läge schließlich noch ein letzter Sinn, nun, nachdem er seine Mutter gerächt hatte. Doch sie, seine über alles geliebte Mutter, merkte nichts, sie war mittlerweile fast taub und so alt und schreiben konnte sie sowieso nicht. Und er bezahlte sie gut. Das reichte ihr. Wichtigeres gab es für die Betrogenen des Lebens offenbar nicht. Nicht mehr.

Auch die schönen Damen bezahlte er gut, dafür, dass er am Morgen wieder inkognito verschwinden konnte. Keine hatte ihn je wiedergesehen.

In der hereinbrechenden Dämmerung ging Peter Mehrfeldt mit einem Glas Rotwein in seinem großen Wohnzimmer, dem ausgebauten Dachstock des alten Fischerhauses in der Rottenburger Bruckengasse, auf und ab. Seine Stimmung pendelte zwischen purer Erleichterung – der Venedig-Fall war zumindest weitgehend gelöst, er hatte Urlaub genommen und seine kranke Mutter zu seiner Entlastung für eine Woche zu seiner Schwester gebracht –, tiefer Resignation und unerklärlicher Wut. Wut vor allem auf sich selbst.

Was hatten Niels und Manuel – und Alma –, was hatten diese Menschen nur, was er nicht hatte? Ein untrügliches Gespür für alles, was nicht stimmte, und für jeden, bei dem etwas faul war. Vielleicht lag es einfach an ihrer Neugier. Manuel und Niels waren offen und wunderfitzig wie Kinder. Er hingegen war mittlerweile froh über jeden Fall, den er nicht bearbeiten musste. Was ich nicht weiß, macht mich nicht heiß. Hatte er seine Neugier verloren? Oder nahm ihn das Verbrechen in all seinen Formen, in all seiner Hässlichkeit und Grässlichkeit zu sehr mit, mehr als er selbst wusste oder sich eingestehen wollte?

Nach einem abgebrochenen Jurastudium hatte Mehrfeldt die beste Kriminalerausbildung genossen, er hatte Kurse und Praktika bei Scotland Yard und beim FBI gemacht, er hatte mittlerweile einige Jährchen Berufserfahrung und dennoch – ihm fehlte einfach der Instinkt. Nachdem er im Frühjahr bei den Ermittlungen zu einem Kindsmord erst suspendiert worden war, die Sache dann aber mit vielen Schwierigkeiten, List und Tücke – mit Hilfe von Wolgrath und Soares also – dann doch noch aufgeklärt hatte, war er zwar befördert worden. Doch dies war nun der dritte Fall, den er ohne seine Tübinger Freunde nie gelöst hätte – wenn man einmal ganz davon absah, dass die Akte Canova ohne Alma nie und nimmer auf seinem Schreibtisch gelandet wäre.

Aber Alma hatte recht: Er war ein Strombone, ein Bulle, dem man die Eier abgeschnitten hatte – wenn auch nicht im wahren Wortsinn und wie es wohl bei der Mafia vorkam. Er hatte bei Lucio Lunetti nachgefragt, was das Wort bedeutet, mit dem Alma ihn letzte Woche bedacht hatte.

Hatte er sich den Schneid abkaufen lassen? Er verkam so langsam zu einem richtigen Schreibtischtäter: Berichte schreiben, Dienstweg einhalten, Paragrafen reiten. Dabei hatte er die Rechtswissenschaft doch wegen der staubtrockenen Materie an den Nagel gehängt! Ob er das Studium wieder aufnehmen sollte? Oder sollte er etwas studieren, was ihn wirklich interessierte? Philosophie und Mathematik. Und dann? Was fing er damit an? Oder sollte er auswandern, einfach abhauen, ganz weit weg, nach Australien, Tasmanien, Neuseeland, Papua-Neuguinea? Vielleicht wenn seine Mutter eines Tages nicht mehr wäre...

In seine wenig fruchtbringende Gedankenspirale hinein klingelte das Telefon unten im Flur.

Nicht schon wieder eine Leiche, dachte er und überlegte, ob er überhaupt abnehmen sollte, schließlich hatte er Urlaub. Doch wenn es seine Schwester war? Vielleicht war etwas mit seiner Mutter...

»Du klingst verschlafen. Oder bläst du Trübsal? Am heiligen Sonntag!«, dröhnte es ihm rauschend entgegen.

Es war ein gut gelaunter Wolgrath, der offenbar bei Fahrtwind in seinem Cabrio telefonierte.

»Wir haben mit Kater Carlo bei diesem wunderbaren Herbstwetter eine kleine Tour de Ländle gemacht und kommen jetzt von der Schwäbischen Alb die Hohenzollernstraße herunter. Wir sind kurz vor Rottenburg.«

Na, wozu hat man Freunde, dachte Mehrfeldt. Und schwupps, schon sind sie da!

Vielleicht, nein, ganz sicher konnten sie ihn aus seinem Trübsinn reißen. Dabei fiel ihm ein, dass er eine geschlagene Woche lang nichts von ihnen gehört hatte und sie sich, ganz entgegen ihren sonstigen Gewohnheiten, gar nicht mehr nach dem Stand der Ermittlungen im Fall Canova erkundigt hatten. Sonst ließen sie ihm in so einer Situation doch auch keine Ruhe.

»So ein Zufall aber auch!«, lachte er erfreut und erleichtert. »Ihr wisst ja, wo ich wohne.«

Zehn Minuten später hielten der feuerrote Chrysler LeBaron, bemannt mit Wolgrath, Soares, Carlo Schmitz und Harald Schuler, und der alte hellgrüne Diesel mit Alma, Siggi, Francesca und Achim Kull vor dem Fachwerkhaus.

Aus dem Kofferraum holten sie einen ganzen Karton Wein, vier Baguettes und einen Korb mit rabenschwarzem und, jedenfalls für Mehrfeldt, völlig undefinierbarem Inhalt.

»Von der Tanke«, sagte Wolgrath.

»Was? Diese Dinger da?«

»Nein, der Wein und das Brot. Wir wussten ja nicht, dass wir fündig werden würden, und mussten erst mal das Drumherum besorgen. Oben bei Schopfloch haben wir nämlich ein ganzes Nest gefunden. Sind bestimmt drei Kilo. Man isst sie am besten getrocknet; das müssen wir eben im Schnellverfahren in deinem tollen Gaggenauer Turbo-Rohr machen. Der würzigste Speisepilz, sagt Manuel. Und der muss es ja wissen.«

Kater Carlo hielt den Weidenkorb misstrauisch am ausgestreckten Arm, als könne der Inhalt ihn anspringen und beißen, wenn er sich nicht vorsah.

»Totentrompeten heißen die angeblich«, brummte er skeptisch. »Na, wenn das kein passender Name für dieses lebensgefährliche, schwärzliche Zeug ist!«

Alma umarmte den väterlichen Freund und drückte ihm lachend einen Kuss auf die gerötete Backe.

»Du schwitzt ja schon vor lauter Todesangst!«

Während die Pilze im Ofen darrten und ihren moosigen Duft verströmten, saßen die neun um den massiven, großen Holztisch beim Wein in Peter Mehrfeldts uriger Küche, wo die Hightech-Geräte unter Holzblenden verborgen waren. Die langweiligen Baguettes hatten sie zugunsten eines schwarz glänzenden Bauernbrots verschmäht, das nun auf dem blank gescheuerten Tisch lag, im Laib steckte das Brotmesser.

Mehrfeldt erzählte nichts von den düsteren Gedanken, die ihn noch vor einer halben Stunde geplagt hatten, er ließ sich in die gute Stimmung hineinfallen, die seine Freunde von ihrem Ausflug auf die Alb mitgebracht hatten.

Als die Pilze schließlich getrocknet und gerebelt waren, assistierte Mehrfeldt seinem Freund Wolgrath bei der Zubereitung einer Sahnesoße.

Jetzt müsste er aber doch mal nachfragen, dachte der Kommissar und tat es auch.

»Sag mal, Niels«, sagte er langsam und leise, »ist denn etwas passiert? Letzte Woche hat bei euch völlig ungewohnte Funkstille geherrscht. Interessiert dich der Fall Canova nicht mehr? Oder weißt du aus irgendwelchen hauseigenen Quellen bereits, was Lunetti herausgefunden hat?«

Das wäre immerhin möglich, Alma hatte ja einen guten Draht zu dem Venezianer.

Wolgrath drehte sich um, warf einen Blick auf den Kommissar, dann schielte er zum Tisch hinüber, wo Carlo eine Anekdote zum Besten gab.

»Das... das ist ein Dienstgeheimnis, um es mit deinen Worten zu sagen. Manuel und ich waren beschäftigt.«

»Aha. Zusammen?«

Die beiden Männer waren und blieben Peter Mehrfeldt ein echtes Rätsel.

»Ja. Aber das erzähle ich dir ein andermal. Und jetzt kein Wort mehr über diese Sache!«, flüsterte er und sagte dann laut:

»Na, da bin ich mal gespannt wie ein Flitzebogen, was Lunetti aus der Wallner herausgekitzelt hat.«

Er stellte den Topf auf den Tisch.

»Genau!«, sagte Alma zum Kommissar. »Du bist uns ja noch einen Bericht schuldig.«

Mehrfeldt salutierte. »Jawoll, Chefin!«, und setzte sich ihr gegenüber auf einen Stuhl.

»Ich war mit Lucio bei Beata Wallner. Wir haben ihr auf den Kopf zugesagt, was unserer Meinung nach passiert ist.« Er räusperte sich. »Das heißt natürlich, was eurer geschätzten und werten Meinung nach passiert ist... Und mit wenigen Korrekturen lagen wir, also ihr, damit auch richtig.«

»Ha, da hast du es!«

Alma schlug hart mit der flachen Hand auf den Tisch.

»Siehst du? Du kannst dich immer vertrauensvoll an uns wenden«, säuselte Wolgrath und lächelte Mehrfeldt, der die Augen zum Himmel hob, verbindlichst zu.

»Also: Um die Schande und Demütigung seiner Mutter zu rächen, wollte Canova sich von Jugend an auf die Suche nach Neuhäuser machen, doch dazu brauchte er erst einmal Geld. Kleinkriminalität bot sich dazu nicht an, Zuhälterei lag ihm offenbar nicht...«

»Wie edel. Klingt ja fast so, als hätte er ein Gewissen und drei Funken Anstand«, sagte Harald Schuler.

»Ein Gewissen hatte er sicherlich nicht. Seine Mutter war sein Gewissen, er selbst existierte gewissermaßen gar nicht. Aber nun gut, so machte er eben mit dem Tod sein Geld. Und wurde einer der Besten.«

»Wie stellt man das in dieser Berufssparte fest?«, wollte Carlo Schmitz wissen.

»Er wurde in seiner vierzigjährigen Karriere niemals gefasst. Man konnte ihm nie etwas nachweisen, was ihm hätte zum Verhängnis werden können. Man kam ihm nie auf die Spur.«

»Wahnsinn! Abgefahren! Das muss man sich mal vorstellen«, sagte Harald Schuler. »Wenn ich ...«

»Also wenn ihr mich nicht dauernd unterbrechen würdet, könnte ich mal mit dem alten Neuhäuser weitermachen«, beklagte sich Mehrfeldt lächelnd.

»Pst!«

»Ruhe!«

»Haltet die Klappe.«

»Ja, Mensch, hört doch mal zu.«

»Wie die Kinder!«, lachte Carlo Schmitz.

»Sergio Canova suchte also nach dem alten Neuhäuser, der damals, als er seine Mutter geschändet hatte, ja noch jung gewesen war. Es hat lange gedauert, bis er eine Spur von ihm fand, aber in den Achtzigerjahren hat er ihn dann in der Nähe von Stuttgart aufgespürt. Jetzt kommt übrigens Soares' Einwand von neulich zum Zug – es sei nicht so einfach, jemanden zu killen. Canova hat Neuhäuser monatelang beobachtet, er wollte schließlich ganz sicher sein, dass Neuhäuser der Richtige war.«

»Ach, das wäre doch für so einen egal gewesen, wenn er erst mal ein, zwei Falsche erwischt hätte. Einer mehr oder weniger schlägt da wohl nicht mehr zu Buche, oder?«, wandte Wolgrath ein.

»Auch Killer haben ein Ethos«, vermeldete Siggi Hertneck.

»Möglicherweise wollte er ihn gar nicht töten, er hat ihn ja auch nicht getötet, jedenfalls nicht nachweislich. Wie die Wallner erzählte, hat Canova seinen Vater irgendwann gestellt. Er wollte zunächst einmal nur, dass Neuhäuser ihn als Sohn anerkennt und vor allem vor seiner Mutter Buße tut«, sagte Mehrfeldt.

»Kannte die Wallner den Canova damals schon? Wieso hat sie dann so lange gewartet, wenn er bereits in den Achtzigerjahren in Stuttgart aufgetaucht ist?«, fragte Alma.

»Nein, sie hat ihn damals nicht gesehen, sie kannte die

Geschichte nur in der Version ihres Vaters. Aber das kommt alles noch, wenn ihr bitte ein bisschen Geduld hättet...«

»Pazienza!« Kater Carlo.

»Paciência.« Soares.

Mehrfeldt seufzte.

»Neuhäuser konnte sich nach über vierzig Jahren nicht mal mehr an sein Schäferstündchen mit dem Dienstmädchen erinnern.«

»Schwein.«

»Ein Held war er jedenfalls nicht. Deshalb hat er auch alles seinen Kindern erzählt und sie gewarnt, dass er möglicherweise keines natürlichen Todes sterben würde. Denn er hatte einen großen Fehler gemacht: Er hatte Canova Geld angeboten – aber nicht um sich dessen Schweigen zu erkaufen. Wozu auch nach all den Jahren? Seine Frau war außerdem schon lange tot. Aber einfach als..., na ja, als Geste der Wiedergutmachung – obwohl Ornella damals einen Sauhaufen Geld bekommen hatte, wie er betonte; natürlich erst nachdem er sich wieder erinnert hat.«

»Tja, manchen Leuten muss man eben auf die Sprünge helfen«, warf Soares ein.

»Das mit dem Geld hätte er natürlich nicht tun dürfen. Canova ist völlig ausgerastet, denn im Unterschied zu seinen kaltblütigen Morden war er hier emotional beteiligt. Er ging auf Neuhäuser los. Ganz klassisch, direkt und körperlich – mit den Fäusten. Neuhäuser war ziemlich ramponiert, seine Familie wollte abends wissen, was los war, und so erzählte er alles. Neuhäuser hatte sich jedoch gewehrt. Die Auseinandersetzung hatte in Neuhäusers Jagdhütte im Schönbuch stattgefunden, die Gewehre kamen nicht zum Zug, aber mit seinem Hirschfänger hat er seinem Sohn eine tiefe Wunde am Oberarm geschlagen. Der eitle Canova hat sich später tätowieren lassen, damit es nicht so auffiel.«

»Hat Neuhäuser ihn damals angezeigt?«

»Quatsch. Dann hätte er sich vor allem selber anzeigen

müssen. Außerdem wusste er ja nicht, womit sein ungewollter Sohn sein Geld verdiente. Jedenfalls verschwand Canova daraufhin wieder aus Deutschland. Doch auf den Tag genau ein Jahr später verschwand auch Neuhäuser. Am 8. Februar 1990.«

»Er verschwand?«

»Spurlos. Und rein, rein zufällig ist dieses Datum Sergio Canovas Geburtstag.«

»Wurde wenigstens das angezeigt?«

»Ja, aber erst einmal in Italien, der Alte kehrte von einer Skitour in den Dolomiten nicht mehr zurück. Die Wallner und ihr Bruder kamen natürlich irgendwann auf den Gedanken, dass dieser Canova dahinterstecken könnte, von dem der Vater ihnen erzählt hatte. Das haben sie auch in Deutschland bei der Polizei angegeben, aber die Sache wurde nicht ernsthaft weiterverfolgt, nachdem nicht einmal genaue Hinweise auf Canovas Identität vorlagen.«

»Ich denke, Canova hatte auf jeden Fall etwas damit zu tun, ich glaube ja bekanntlich nicht an Zufälle«, sagte Wolgrath. »Aber ich verstehe nicht, wieso er ein Jahr gewartet hat. Er hätte Neuhäuser doch gleich kaltmachen können. Wie dem auch sei, gehe ich richtig in der Annahme, dass sich die Wallner dann selbst auf die Suche gemacht hat?«

»Ja, im Urlaub ist sie immer wieder nach Venedig gereist und hat unter dem Vorwand der Ahnenforschung die Register der Pfarreien und der Kommune durchforstet«, erzählte der Kommissar weiter. »Canovas Geburtsurkunde war leicht aufzutreiben, nicht aber sein Wohnsitz. Sie konnte ja nicht sicher wissen, dass er immer noch in Venedig lebte, wie der alte Neuhäuser ihr damals erzählt hatte. Doch dann kam sie darauf, dass der Palazzo im Kataster auf Ornella eingetragen sein könnte – was auch so ist. Dort traf die Wallner ihren Halbbruder nie an, er war ja international unterwegs, manchmal monatelang. Nach der Öffnung des Ostens gab es offenbar viel für ihn zu tun. Sicherlich hat er dort mächtige und an seinem Gewerbe hochinteressierte Leute kennengelernt. Die Wallner wusste natürlich nicht, womit er sein Geld verdiente. Außerdem musste sie vorsichtig sein, sie konnte nicht zu oft dort aufkreuzen, sonst wäre Ornella womöglich misstrauisch geworden und hätte ihren Sohn gewarnt. Aber Beata Wallner hatte es nicht eilig, sie wusste, wo sie ihn finden konnte, und dachte sich, irgendwann würden sich ihre Wege schon noch kreuzen.

Als sie dann während ihres diesjährigen Venedig-Aufenthalts bei einem Kontrollanruf feststellte, dass er zu Hause war, Ornella aber offensichtlich nicht, lauerte sie ihm auf und folgte ihm in eine Bar. Dort sprach sie ihn ganz harmlos an. Er erzählte ihr, er sei Kunsthändler gewesen und habe sich zur Ruhe gesetzt. Die Wallner sagt heute, sie wusste selbst nicht, was sie eigentlich mit ihm vorhatte, sie wollte erst einmal herausfinden, ob und was er mit dem Verschwinden ihres Vaters zu tun hatte. Sie hatte sich in diesen vielen Jahren stark verändert, Canova hatte sie in Stuttgart immer nur aus der Ferne gesehen und erkannte sie ganz offensichtlich nicht. Jedenfalls bändelte sie unter dem Vorwand ihres Kunstinteresses mit Canova an, Bruder Neuhäuser ist ja bekanntlich Kunstsachverständiger, also ging das ganz einfach. Sie hat ihn übrigens angerufen, als sie Canova an der Angel hatte. Der treue Bruder kam dann auch sofort angeflogen und half ihr, den Halbbruder in den Kanal zu befördern.«

»Und als sie dann wusste, was sie mit ihm anstellen wollte, hat sie ihn einfach umgelegt? Hat Brüderchen Bruno etwa dabei Händchen gehalten? Ich verstehe das nicht. Die Wallner und ihr Bruder waren doch keine Opfer, wenn man einmal davon absieht, dass unser lieber Canova die beiden zu späten Waisen und wohlhabenden Erben gemacht hatte.«

»So wie Canova seine Mutter rächte, rächte Beata Wallner eben ihren Vater«, sagte Alma.

»Rachedurst scheint in den Neuhäuser'schen Genen zu

liegen. Manche nennen so etwas auch Tradition«, meinte Manuel Soares und schielte Alma an. »Oder es liegt in und um Piran in der Luft.«

Carlo lachte dröhnend.

»Ein ganz normales Familiendrama! Und ich dachte schon, wir sehen vor lauter makro- und mikropolitischen Verstrickungen nicht mehr aus noch ein und müssten am Ende in den Foibe graben.«

Alle starrten ihn an.

»Foibe?«, klang es ihm Chor.

Und Carlo Schmitz erzählte vom Karst, den Dolinen, von den tiefen Einsenkungen des weichen Kalksteins, in die die Nazis die italienischen Widerstandskämpfer geworfen hatten, und umgekehrt, in die die Tito-Partisanen die italienischen Kollaborateure geworfen hatten, und umgekehrt. Er sprach von all den Ereignissen, die bis heute nicht zur Gänze aufgeklärt sind und es vielleicht auch nie werden. Es war eine Geschichte, so schwarz wie die Totentrompeten in Sepia-Sahne, in die sie trotzdem mit großem Appetit – auch Carlo – ihr schwarzes Bauernbrot tunkten.

Da griff Mehrfeldt sich plötzlich an den Kopf.

»Irgendwas hatte Lunetti mir noch erzählt, aber ich habe es nicht richtig verstanden. Einerseits ist mein Italienisch nicht gerade berühmt, und das, was ich sprachlich verstanden hatte, konnte ich einfach nicht einordnen. Es hatte mit Canovas Mutter und den Löchern im Karst zu tun. Das Wort Vendetta fiel auch...«

»Na, das würde mich jetzt aber brennend interessieren«, brummte Carlo Schmitz. »Würde mich nicht wundern, wenn der alte Neuhäuser in irgendeinem Karstloch liegt.«

»Ruf doch kurz Lucio an«, schlug Alma vor.

»Ich soll sonntags Lunetti anrufen?«

»Mensch, stell dich doch nicht immer so an! Was ist denn schon dabei? Versuchen kannst du es ja mal. Entweder er geht ans Telefon oder eben nicht.«

Peter Mehrfeldt schluckte. Genau diese Einstellung – dass er sich immer so anstellte – hatte er sich am frühen Abend noch selbst vorgeworfen.

»Na gut, weil ihr es seid…«

Nach einer Viertelstunde kam er wieder in die Küche.

»Und?«, fragte Alma.

Mehrfeldt warf ihr einen resignierten Blick zu.

»Lucio hat die alte Ribollo noch mal eingehend befragt. Sie sagt, Neuhäuser sei nach vielen, vielen Jahren wieder aufgetaucht, sie könne sich nicht mehr erinnern, in welchem Jahr, aber es muss am Geburtstag ihres Sohnes gewesen sein.«

»Neuhäuser war also nicht in den Dolomiten auf den Bretteln unterwegs, sondern er ist nach Venedig gefahren. Das konnte er in nur wenigen Stunden schaffen«, sagte Manuel Soares und nickte eifrig zu dieser Erkenntnis.

»Ja, so muss es gewesen sein. Die Ribollo erinnert sich noch genau, denn es sei das einzige Mal gewesen, dass der Sohnemann seinen Geburtstag nicht allein mit ihr verbracht hat – sondern auch mit dem Herrn Papa. Aber sie seien nicht ausgegangen wie sonst immer, ihr Sohn sei hinter Neuhäuser gestanden und habe ihn aufgefordert, sich zu entschuldigen, weil er ihr Leben zerstört hatte. Doch Neuhäuser schwieg sich nicht nur zu diesem Punkt aus, nein, im Gegenteil, er wurde sogar noch unverschämt und sagte, was sie denn wolle, sie lebe doch in einem Palazzo und könne wahrlich nicht behaupten, dass es ihr schlecht gehe. Er habe ihr Glück gebracht. Sonst hätte sie sich wohl schon lange krumm und bucklig geschuftet und hätte einen Stall voller Kinder und Enkelkinder mit dem Gärtner, mit dem sie damals verlobt gewesen war.«

»Vendetta! Was ist aus dem Gärtner geworden? War es denn nicht immer der Gärtner?«, fragte Wolgrath.

»Es hat ihm wohl das Herz gebrochen, er ist weggegangen,

keiner hat je wieder etwas von ihm gehört oder gesehen – sagt jedenfalls der Piraneser Kollege.«

»Vielleicht war es nicht das Herz, sondern das Genick«, sinnierte Wolgrath.

»Was? Meinst du damit, die Neuhäuser-Family hat ihn aus Angst vor der Vendetta verschwinden lassen?«, fragte Mehrfeldt ein wenig verdutzt.

»Das ist doch gar nicht so abwegig, oder? Wo doch dann eh alle aus Piran geflohen sind – aus politischen Gründen, meine ich.«

»Genau. Und deshalb musste wohl auch der alte Neuhäuser im Karst enden. So schließt sich der Kreis«, folgerte Alma.

»Im Karst verschwinden d' Leut'«, sagte Kull.

»Und werden nie wieder gefunden«, schloss Carlo Schmitz.

Auch sie, sie hier war ein Schmetterling für eine Nacht. Mag sein, dass sie sich zierte, aber am Schluss ging sie ins Netz. Wie alle. Unterschiedlich war nur der Preis.
Jedes Wort von ihr war wie eine Berührung, ihr Gang wie ein Tanz. Sie war nicht billig. Champagner und noch mal Champagner. Schon die zweite Flasche heute, gestern und vorgestern auch je zwei. Und immer noch plauderte sie genauso nüchtern wie zuvor.
Doch dieser Akzent? Und das Gesicht? Irgendwie bekannt, fast vertraut. Aus einer anderen Zeit...
Wer war sie?

Die letzte Nacht vor seinem Tod war die kürzeste seines Lebens. Beim Gedanken, dass er noch lebte, glühte in seinen Adern das Blut. Er wehrte sich nicht, er hasste die Schwere seines Leibes. Er ächzte, er stöhnte, aber dann kamen im letzten Moment das Erkennen und schließlich die Akzeptanz.
Der Schmerz durchzuckte ihn, brachte die Erkenntnis nach dem ersten Schuss. Er wehrte sich nicht. Sie war es also.
Dieses Leben, das er nie gewollt hatte und dessen Ende er willkommen hieß. Wie in Trance verschmolzen ihm jene, die sich an ihm verschuldet hatten, mit eigenem Verschulden.
Und auf dem tiefsten, dem dunkelsten Grunde des Grauens begann er zu lächeln, enthoben von der Sorge, Mensch zu sein, und in ihm wurde es hell, sein Schmerz brach auf und verfloss mit seiner entweichenden Seele.

* * *

Möglich, dass er nicht log. Warum sonst hätte er hierher zurückkehren sollen?
Egal – sie hatte ihn, das war fast sicher. Der letzte Zweifel wäre aber erst ausgeräumt, wenn sie seine Haut sah. Nackt. Das war der Preis, den sie mit ihrer eigenen Haut zu zahlen

hatte, mit einer Berührung, die sich ihr einbrennen würde wie ein Schandmal, und sie würde es nie wieder abwaschen können.

Lächeln. Sie musste lächeln. Ihre Schultern zuckten kurz, die Hände umkrampften das Glas. Ein Lächeln überzog ihr Gesicht, doch in ihre Augen stahlen sich Schatten.

Sie müsste es hinter sich bringen. Es musste sein.

»Ich muss morgen abreisen«, sagte sie durch den Rauch ihrer Zigarette hindurch.

Sie sah Belustigung und vielleicht auch Erleichterung in seinen Augen. Jedenfalls zeigte er beim Lachen mehr Zähne als Herzlichkeit.

Zeit, sich gebührend zu verabschieden. Die Hölle in ihr lachte.

Er war es: Die Tätowierung, ein Tribal. Die längliche Narbe am linken Oberarm, wo Vater ihn getroffen hatte. Damals. Vor so vielen Jahren.

Seitdem wartete das Opfer darauf, Täter zu werden und noch grausamer zu handeln.

Auf die Narbe schoss sie zuerst. Wie gut, dass sie in der alten Jagdhütte im Schönbuch heimlich trainiert hatte. Ihr jüngerer Bruder, dieser Schöngeist, war sich ja zu fein dazu...

Der zweite Schuss folgte, er traf nicht ins Herz. Er schrie, die Mühsal seiner Existenz brach aus ihm heraus. Die sechste Kugel löschte ihn aus. Der Kreis war geschlossen.